Nouvelle Bibliothèque franciscaine. — 1re *Série.* — **XIII**.

P. LÉOPOLD DE CHÉRANCÉ

Saint Léonard
de Port-Maurice

PARIS

LIBRAIRIE CHARLES POUSSIELGUE

15, RUE CASSETTE, VIe

Saint Léonard de Port-Maurice

OUVRAGES DU MÊME AUTEUR

SAINT LÉONARD

DE PORT-MAURICE

(1676-1751)

PAR

LE P. LÉOPOLD DE CHÉRANCÉ
O. M. C.

PARIS

LIBRAIRIE CHARLES POUSSIELGUE
15, RUE CASSETTE, VIe

APPROBATIONS

Je soussigné, Fr. René de Nantes, Gardien du couvent des Capucins d'Angers, certifie avoir lu et examiné, par ordre du T. R. P. Robert de Laval, vicaire provincial, la *Vie de saint Léonard de Port-Maurice,* écrite par le R. P. Léopold de Chérancé. Je n'y ai rien trouvé qui ne soit conforme aux règles de la foi et de la morale.

En foi de quoi j'ai signé.

Fr. RENÉ,
Gardien.

15 mai 1903.

J'ai examiné par ordre du T. R. P. Robert, vicaire provincial, la *Vie de saint Léonard de Port-Maurice,* écrite par le T. R. P. Léopold de Chérancé. Non seulement je n'y ai rien trouvé de contraire aux enseignements de la foi et de la morale; mais elle m'a paru très propre à mettre dans les âmes quelque chose du zèle apostolique dont brûla si vivement le grand apôtre de l'Italie au xviiie siècle.

Fr. HILAIRE DE BARENTON,
O. M. C.
Lecteur de théologie.

Paris, 20 mai 1903.

Imprimatur :
Paris, le 25 mai 1903.

ROBERT DE LAVAL,
Vic. Prov.

Lettre de Mgr RUMEAU, évêque d'Angers

Angers, le 23 mai 1903.

Mon Révérend et cher Père,

Au milieu de l'agitation de ces jours mauvais, vous n'avez pas interrompu vos paisibles travaux, et la *Nouvelle Bibliothèque franciscaine* s'est enrichie du volume : *Saint Léonard de Port-Maurice.*

Ce religieux, ce saint, cet apôtre, nous apparaît dans votre livre comme un insigne bienfaiteur de son pays, et la merveilleuse influence qu'il exerça sur l'Italie du xviii° siècle, la fécondité de ses héroïques vertus, les fruits prodigieux de ses missions, démontrent que le plus solide appui des sociétés chancelantes se trouve dans la sainteté et dans l'apostolat catholique.

Continuez, mon révérend Père, à écrire l'histoire de *vos saints.* Ils sont la gloire de votre Ordre ; ils sont également la plus irréfutable apologie de la vie religieuse. Et parce que dans leurs exemples éclate toujours le mot de saint Paul : *Soyez mes imitateurs comme je le suis de Jésus-Christ,* en les retraçant avec tant de charme et de vérité, vous allumerez sûrement en d'autres âmes cette flamme du zèle apostolique qui éclaire, relève et pacifie les peuples.

Veuillez agréer, cher et révérend Père, l'assurance de mon affectueux dévouement en Notre-Seigneur Jésus-Christ.

† Joseph, évêque d'Angers.

PRÉFACE

Au moment où nous traçons les dernières lignes de la vie de saint Léonard de Port-Maurice, la persécution, une persécution à la Julien l'Apostat, sévit en France contre toutes les institutions catholiques. Déjà les congrégations religieuses sont fauchées les unes après les autres; la liberté de l'enseignement est brutalement supprimée, les droits du père de famille audacieusement niés, le pouvoir de l'épiscopat mis en tutelle. Tout ce qui est catholique est suspect, mis hors la loi. Nous sommes sur un champ de bataille; en pareille circonstance, nous n'avons ni les loisirs ni la liberté d'esprit nécessaires pour composer une préface telle que nous l'eussions désirée. Aussi nous bornerons-nous à indiquer sommairement à nos lecteurs : 1° les titres des documents qui servent de base à notre récit; — et 2° la valeur des témoins dont nous invoquons le suffrage.

I. — Documents.

Nous n'avons aucun embarras pour classer nos documents. Tous datent de la même époque; tous sont écrits en italien.

1° Summarium ou Sommaire du procès de cano-

nisation : Rome, *1781*. *In-folio de 990 pages. C'est
la pièce officielle par excellence, et nous aurons
à l'apprécier plus loin.*

2° *P. Raphaël de Rome*, Vie du P. Léonard de
Port-Maurice : *Rome, 1754. In-4° de 300 pages.
Biographie composée au lendemain même de la
mort du serviteur de Dieu, en vue de sa béatification, et comprenant sa vie et ses vertus. Elle est
dédiée à Benoît XIV.*

3° *P. Joseph de Massérano, postulateur de la
cause : Rome, 1796. Biographie dédiée au duc
d'York, fils de Jacques III d'Angleterre et de Marie-
Clémentine Sobieski. Elle reproduit pour le fond
le P. Raphaël de Rome, en y ajoutant quelques
nouveaux miracles et le bref de béatification.*

4° *P. Luigi de Rome*, Abrégé de la vie du bienheureux Bonaventure de Barcelone : *Rome, 1846.
Cet opuscule nous donne les origines de la congrégation des Bonaventurins, à laquelle appartient
saint Léonard.*

5° Œuvres complètes dè saint Léonard. — *Elles
ont été traduites en français par le chanoine Labis,
8 volumes in-12 (Casterman, Paris, 1858), avec la
vie et la correspondance du Saint, par le P. Salvator d'Orméa, au tome I. — Vivès (Paris) a édité
une autre traduction des Sermons (3 volumes in-8°),
par Charles Sainte-Foi.*

6° *Au volume de la correspondance, il faut
joindre 86 lettres dont Labis ne parle pas. Elles
sont adressées à dona Hélène Colonna, et ont été
publiées par le P. Joseph de Rome (in-32, Rome,
1872) et traduites par le P. Jules du Sacré-Cœur
(in-32, Vanves, 1893). — La Miscellanea Francis-
cana (t. V), signale une lettre adressée à Sœur
Candide Gioachini, religieuse de Sainte-Agathe,*

à Fossombrone. La lettre est datée de Bologne, 8 juillet 1747.

Mgr Rossi, évêque de Sinigaglia (P. Raphaël de Rome, p. 525), et Jean Mocénigo, doge de Venise (Summarium, p. 35), affirment avoir en leur possession et conserver précieusement plusieurs autographes du Saint. Que sont devenus ces autographes?

La critique a ses lois et ses exigences. Sous ce rapport, les Œuvres du Saint ne laissent rien à désirer; elles sont d'une authenticité inattaquable. Les originaux sont conservés intacts, La Voie du Paradis, au couvent del Monte, à Florence; et tout le reste, aux archives de Saint-Bonaventure, à Rome.

II. — Les témoins.

Abordons la question capitale, celle sans laquelle tout l'échafaudage historique s'écroulerait, faute de base : les témoins, leur nombre, leur compétence, leur véracité. Là encore il serait difficile de réunir sur un sujet plus de garanties de certitude. C'est, en effet, toute une nuée de personnages, des plus graves, de tous les rangs de la société, qui passe devant nous. Nommons d'abord le premier biographe, le P. Raphaël de Rome, qui recueille les souvenirs dans toute leur fraîcheur et déclare ne rien écrire que d'après les relations qu'il a sous les yeux. Après lui viennent les innombrables témoins qui comparaissent devant les tribunaux institués pour les informations canoniques : Clément XIII, l'ex-cardinal Rezzonico, qui daigne affirmer publiquement son entière admiration pour le Saint; le doge de Venise, Jean Mocénigo, qui, étant à Rome, lui a demandé quelques méditations et lui a fourni l'occasion d'écrire son beau Traité du sacrifice de la messe; *Pierre Miré*, qui rend témoignage à la conduite édifiante de son ancien condisciple du Collège romain; vingt autres personnages étrangers à l'Ordre; les miraculés qui racontent les merveilles du thaumaturge; puis ses collègues, les

> *PP. Bernardin de Florence;*
> *Jérôme de Pompéiana;*
> *Hilaire de Languelia;*
> *Séraphin de Rapallo;*
> *Jean-Baptiste de Varallo;*
> *Jean-Chrysostome de Bologne;*
> *Jacques-Antoine de Sorano;*
> *Jérôme d'Arpino;*
> *Joachim de San-Remo;*

et enfin les Frères lais qui l'ont accompagné dans ses missions. Témoins bien divers, qui tous ont parlé sous la foi du serment et dont les dépositions juridiques sont au-dessus de tout soupçon (1).

L'un d'eux, pourtant, mérite une mention spéciale : c'est *Diégo de Florence*, simple Frère lai, nature franche et candide, narrateur piquant sans être un lettré, confident de l'apôtre franciscain, son compagnon pendant les vingt-six dernières années de son existence, son soutien à l'heure des tribulations, et son consolateur aux derniers moments. Le Bienheureux l'affectionne et le préfère aux autres, parce que Diégo comprend mieux les exigences de la pauvreté séraphique. Le pape Benoît XIV lui-même s'intéresse à l'humble Frère

1. *Summarium,* p. 2 et 341.

et s'afflige, lorsqu'il le sait malade. Intelligent, autant que dévoué, Diégo devine que le P. Léonard n'est pas un homme ordinaire; il retrace au jour le jour, ainsi qu'il le déclare lui-même (Summarium, p. 310), les voyages de l'apôtre, les aventures auxquelles il a été mêlé, les joies et les douleurs qu'il a partagées. Il continue ainsi pendant vingt-six années, et c'est lui, en réalité, qui nous révèle ce qu'il y a de plus attachant dans un héros : la vie intime, les qualités humaines. Où trouver un témoin qui ait mieux vu, qui ait mieux aimé, et qui soit demeuré plus véridique dans ses récits? Il parlera souvent au cours de cet ouvrage, et l'on reconnaîtra sans peine sa voix, au ton d'originalité primesautière et de simplicité ingénue qui le distingue.

Sa déposition remplit plus de trois cents pages dans le Summarium. Elle confirme, complète et modifie au besoin la relation du premier biographe, sans être, malheureusement, beaucoup plus explicite sur l'enfance et la famille du serviteur de Dieu.

Le P. Raphaël de Rome et le Frère Diégo de Florence, deux religieux du même Ordre, deux témoins oculaires, voilà les guides qui nous ont conduit à travers la société italienne du XVIIIᵉ siècle; voilà les peintres qui ont dessiné con amore, mais sans flatterie, le portrait du héros dont la mémoire leur était si chère. Remercions-les; car de l'ensemble de leurs renseignements se dégage une de ces figures idéales qui nous ravissent, la figure d'un de ces géants de l'apostolat qu'aucun idiome terrestre ne saurait louer dignement, parce qu'ils s'élèvent au-dessus de tout ce qui est simplement humain.

La lutte entre le bien et le mal se continue sous nos yeux, plus ardente que jamais. Nous jetons ce volume dans la mêlée, parce que nous savons que la vie des saints est un encouragement pour les bons, un reproche pour les lâches, une lumière pour ceux qui cherchent sincèrement la vérité.

« Les saints, dirons-nous avec Mgr Dupanloup, les saints sont la gloire de l'Église; et l'histoire de ces grandes âmes, les meilleures, les plus nobles, les plus tendres et les plus fortes que l'humanité ait produites, serait à elle seule une admirable démonstration du christianisme *et la plus magnifique apologie de la piété* (1). »

Fr. Léopold de Chérancé.

Paris, 23 février 1903.

1. Mgr Bougaud, *Sainte Chantal*, préface.

PAPES CONTEMPORAINS

(avec la date de leur avènement)

Clément XI,	1700
Innocent XIII,	1721
Benoît XIII,	1724
Clément XII,	1730
Benoît XIV,	1740

PRINCIPAUX SAINTS

ET

BIENHEUREUX CONTEMPORAINS

(avec la date de leur mort)

Ordre de Saint-François d'Assise.

Saint Pacifique de San-Severino,	† 1721
Sainte Véronique Giuliani,	† 1727
Saint Jean-Joseph de la Croix,	† 1734
Sainte Marie-Françoise des Cinq-Plaies,	† 1791
Bienheureux Bonaventure de Potenza,	† 1711
Bienheureux Thomas de Cori,	† 1729
Bienheureux Ange d'Acri,	† 1739
Bienheureux Théophile de Corté,	† 1740
Bienheureux Crispino de Viterbe,	† 1750

En dehors de l'Ordre.

Saint François de Hiéronimo,	† 1716
Saint Jean-Baptiste de la Salle,	† 1719
Saint Paul de la Croix,	† 1775
Saint Alphonse de Liguori,	† 1787
Bienheureux Sébastien Valfré,	† 1710
Bienheureux François de Posadas,	† 1713
Bienheureux Grignon de Montfort,	† 1716
Bienheureux Jean-Baptiste Rossi,	† 1764
Vénérable Marie-Louise de France,	† 1787

Saint Léonard de Port-Maurice

(1676-1751)

CHAPITRE PREMIER

Sur la route de la Corniche, à mi-distance entre Nice et Savone, à l'un des tournants de la côte ligurienne, sous un ciel d'une extrême pureté, s'étage aux bords de la grève une de ces villes maritimes qui attirent les pas des touristes ; elle se nomme Port-Maurice. Elle se divise en deux quartiers principaux, séparés par de hautes murailles : la nouvelle ville ou cité basse, qui longe le port et s'enrichit chaque jour de nouvelles maisons bâties dans le goût moderne ; et sur la cime du promontoire, la cité haute, la cité antique, avec ses portes cintrées, ses rues solitaires, ses madones du moyen âge, et ses murs gigantesques, baignés par les flots de la mer. Du haut des remparts, le panorama est grandiose autant que varié. D'un côté le cours sinueux de la rivière de l'Impero, des villas ombragées de tamaris aux fleurs roses, des collines semées de bouquets de palmiers qui donnent au pays une physionomie orientale, des montagnes, premières ramifications des Apennins, qui protègent la ville contre les vents du nord ; de l'autre, une rade animée par les barques des pêcheurs, puis la baie et les falaises d'Onéglia, et à l'horizon, les montagnes de la Corse se profilant sur l'azur de la Méditerranée.

Au point de vue commercial, Port-Maurice est tributaire de Gênes. La population se compose de marins qui ont beaucoup de traits de ressemblance avec nos Bretons. Ils en ont les qualités solides et l'esprit aventureux ; ils en ont aussi la foi robuste et indéracinable.

Dans la cité haute, au milieu de la rue Sainte-Catherine, les habitants montrent, adossée aux remparts, une maison de modeste apparence et sans décors architecturaux, devant laquelle le pèlerin se découvre avec respect. C'est là, dans un foyer de marins, que la Providence posa le berceau de notre Bienheureux, ainsi que l'attestent à l'unanimité tous les contemporains et entr'autres le principal témoin du procès de canonisation, le Fr. Diégo de Florence, que nous aurons souvent l'occasion de citer. « Le serviteur de Dieu, déclare-t-il, naquit à Port-Maurice, le 20 décembre 1676, et fut porté le même jour sur les fonts sacrés de la Collégiale Saint-Maurice, où il lui fut imposé le nom de Paul-Jérôme. Son père s'appelait Dominique Casanova, et sa mère Anne-Marie Benza, tous deux originaires de Port-Maurice, tous deux d'une intégrité de mœurs qui leur valait la considération publique (1). »

Une déposition si nette et si catégorique, faite par des contemporains et sous la foi du serment, ne permet pas le moindre doute sur le lieu natal de notre héros. Port-Maurice s'honore donc à bon droit de lui avoir donné le jour et peut saluer en lui le plus noble et le plus glorieux de ses fils, parce qu'il en fut le plus humble et le plus saint.

Les mêmes témoins, qui nous ont désigné d'un mot sa patrie, vont nous renseigner plus amplement sur la condition sociale et la composition de sa famille. Écoutons-les ; ils ont vécu aux côtés du Bienheureux, sous la même bure et de la même vie, et leur langage est empreint d'une sincérité et d'une émotion qui ne trompent pas.

Le milieu qu'ils nous dépeignent, nous représente un foyer profondément chrétien. Dominique Casanova, le chef de cette famille, capitaine au cabotage, était un marin exemplaire, franc, loyal, et d'une énergie de caractère que faisait ressortir sa jeunesse : en 1676, il n'avait que vingt-six ans ! Avant d'être fixé sur sa vocation, il avait rêvé de la vie religieuse et songé aux Frères-Mineurs Capucins (2). Marié et

1. *Summarium*, p. 5o. — Cf. P. Raphaël de Rome, *Vie du P. Léonard*, l. I, c. I. — Voir, dans notre Préface, l'appréciation critique de ces deux ouvrages.

2. *Summarium*, p. 5o.

voyant de quels écueils était semée sa profession, il fit le vœu de n'admettre aucune femme parmi ses passagers, et il tint scrupuleusement sa promesse. Obligé un jour, par force majeure, d'admettre une dame sur son bâtiment, il prit le parti héroïque de s'exclure lui-même et franchit à pied, par une saison rigoureuse et des chemins montueux, la longue distance qui sépare Gênes de Port-Maurice (1). On devine, par cet acte courageux, quel était l'esprit de foi qui l'animait.

Anne-Marie Benza était digne de lui ; entre eux régnait cette parfaite harmonie de sentiments qui répand l'allégresse dans un foyer et dont les notes ne sont jamais plus sonores qu'autour du berceau d'un nouveau-né. Mais que les bonheurs de la terre sont fragiles et qu'ils sont de courte durée ! Anne-Marie fut saisie de fièvres et soudainement enlevée à l'affection des siens, laissant derrière elle un orphelin âgé de deux ans seulement, notre petit Paul-Jérôme. Dans un deuil si cruel et si inattendu, Dominique Casanova prit un parti que nous expliquent les exigences de sa profession. Toujours en mer et tout entier aux devoirs de son négoce, il confia à son propre père le gouvernement de sa maison, puis convola à de nouvelles noces et épousa une jeune fille d'Artallo, Marie-Baptistine Riolfo, qui lui donna quatre enfants, trois garçons et une fille. De

1. P. Raphaël de Rome, l. I, c. I.

ces quatre enfants, deux s'enrôleront, comme leur aîné, sous la bannière de saint François et deviendront les PP. Antoine et Dominique, pendant que leur sœur prendra le voile à Taggia, dans un monastère de Dominicaines. Seul, le cadet se mariera et fera souche (1). Nous les retrouverons les uns et les autres sur notre chemin; mais il nous tarde de savoir quelle est la place qu'occupera au foyer agrandi l'orphelin dont le nom remplit ce volume et qui projette sur tout son entourage un rayon de sa gloire.

Il avait atteint sa sixième année, lorsqu'il passa sous la tutelle de sa belle-mère. On sait quelle fut, dans une circonstance analogue, la désastreuse influence d'une marâtre sur sainte Marguerite de Cortone. Ici, rien de semblable. Marie Riolfo se montra à la hauteur de sa tâche, et se conduisit en vraie mère adoptive à l'égard du petit Paul-Jérôme, lui prodiguant, pendant les sept ou huit années qu'il resta sous sa direction, les mêmes caresses et les mêmes sollicitudes qu'à ses propres enfants, et n'épargnant rien pour assurer le développement des heureuses qualités qu'elle voyait poindre en lui. Dévouement qui suffirait à faire son éloge et dont elle était, du reste, largement récompensée. L'enfant se montrait si docile, si reconnaissant! Puis, il était si bien doué, d'une intelligence précoce, d'une nature vive et expansive, selon le Fr. Diégo; « d'une nature de feu, selon un

1. Déposition de Fr. Diégo de Florence (*Summarium*, p. 51), et P. Raphaël de Rome, 1. I, c. I.

autre témoin (1), mais si prompt à en réfréner les saillies ! » ; en même temps, pur comme un ange, avide d'entendre parler de Dieu et singulièrement enclin à la piété. Il portait dans le regard un voile de tristesse qui annonce qu'un orphelin a pris conscience de son deuil, et ne se mêlait jamais aux jeux dissipants. En revanche, son bonheur était d'égrener son rosaire à la veillée et de répondre aux prières faites en commun, ou bien encore, de concert avec les écoliers de son âge, de reproduire les cérémonies de l'Église, processions, long déploiement de bannières, chant de cantiques devant des autels improvisés, sans oublier l'allocution traditionnelle, où l'ardeur et la bonne volonté tenaient lieu de science. Jeux enfantins qui font sourire, mais qui sont parfois l'indice révélateur d'une vocation naissante (2).

Déjà aussi, toujours au rapport du Fr. Diégo, il se sentait au cœur une dévotion extraordinaire pour l'auguste Mère de Dieu, cette dévotion qui est instinctive chez tous les baptisés, mais plus intense et plus profonde chez les saints. Il pressentait que Marie est la toute-puissance suppliante, l'avocate des pécheurs, le secours des chrétiens. Il pressentait aussi, sans avoir encore l'entière compréhension de tous ces mystères, qu'elle exauce plus volontiers en certains lieux choisis par elle, et que notre prière a plus de

1. *Summarium*, dépositions, p. 829.
2. **Fr. Diégo** (ap. *Summarium*, loc. cit.). — **Cf. P. Ra**phaël de Rome, L. I, c. 1.

prix, lorsqu'elle est accompagnée d'un sacrifice qui coûte à la nature ; et ses biographes nous en fournissent une preuve touchante. Parfois, nous disent-ils, au récit des tremblements de terre qui désolaient la péninsule, il réunissait ses petits condisciples, les entraînait avec lui jusqu'à Notre-Dame des Plaines, lieu de pèlerinage situé à deux milles environ de Port-Maurice ; et là, pieds nus, les mains jointes, à genoux devant la Madone, il la suppliait naïvement d'épargner à sa patrie de pareilles calamités (1). Pourquoi la Reine du Ciel n'aurait-elle pas prêté l'oreille à des prières si touchantes et jaillies de lèvres si pures ? Elle le fit, mais à sa manière, en écartant de la tête de ses jeunes clients une catastrophe mille fois plus meurtrière que les laves brûlantes du Vésuve ; les contemporains du Bienheureux vont nous dire dans quelles circonstances.

Paul-Jérôme avait alors une dizaine d'années. Il se promenait, avec quelques enfants de son âge, sur la plage d'Onéglia, et prenait plaisir à contempler dans la rade une belle corvette battant pavillon étranger et ses blanches voiles ondulant au gré de la brise. C'était un vaisseau anglais. Le commodore, un débauché, était descendu à terre. Ayant aperçu ce groupe d'enfants, il se dirigea vers eux, des fruits à la main, les yeux pleins de convoitises peu avouables. Paul-Jérôme comprit, à ses gestes,

1. Fr. Diégo (*Summarium*, loc. cit.). — Cf. P. Raphaël de Rome, l. I, c. 1.

qu'il voulait attenter à leur innocence. Alors il fit signe à ses petits camarades et s'enfuit à toutes jambes ; les autres de même après lui, et le commodore eut beau courir à leur poursuite, les menacer de la voix et brandir son glaive, il ne put les rejoindre. Une fois en sûreté, encore tout haletant et tout effrayé du danger qu'il avait couru, Paul-Jérôme alla se prosterner aux pieds de sa Souveraine, la Vierge Immaculée, la remerciant avec effusion de l'avoir préservé du mal (1). Avec effusion : car déjà, aux clartés de la foi, il avait compris qu'il n'y a qu'un mal, le mal suprême, le seul redoutable, parce qu'il est le seul qui atteigne la vie de l'âme : le péché.

Cette aventure avait fait une si profonde impression sur son esprit, qu'il en frissonnait encore, cinquante ans après, quand il la racontait au Fr. Diégo. C'est la première lutte et aussi la première victoire dont il soit question dans sa vie, une victoire qui en présage d'autres, mais la seule de ce genre. Peut-être lui mérita-t-elle d'être ceint par les anges du don de la pureté virginale. Dans tous les cas, elle est une lumière pour l'historien et nous aide à saisir le genre d'éducation que le Bienheureux reçut au foyer paternel.

« L'homme, quelles que soient ses destinées, a dit un de nos grands orateurs, portera du ber-

---

1. *Summarium*, p. 5o. — C'est un des confesseurs du Saint qui nous indique la nationalité de l'étranger (*ibid.*, p. 70). — Cf. P. Raphaël de Rome, l. I, c. I.

ceau à la tombe, l'empreinte de son père et de sa mère. Il pourra se réformer ou se déformer par l'usage bon ou mauvais de sa liberté propre ; cependant l'observateur expérimenté discernera toujours dans son organisme moral, non moins que dans son organisme physique, une certaine forme, un certain galbe, attribuables au milieu familial dans lequel il s'est développé (1). » Le fils de Dominique Casanova ne se déformera point ; il gardera d'un bout à l'autre de sa carrière la même physionomie, faite de pureté, de lumière et de candeur naïve. Ce sera son mérite, et en même temps le fruit des leçons reçues au foyer domestique. C'est là qu'on a imprimé à ses pas une si ferme orientation vers le bien ; c'est là qu'on a gravé dans son esprit ces fortes croyances qui trempent les caractères et servent de bouclier à un jeune homme contre les enchantements d'un monde frivole et sensuel. Il se plaira lui-même plus tard à rendre ce témoignage à ses parents et ne cessera d'avoir pour eux un souvenir attendri. « Sans eux, dit-il, sans mon père si bon, si excellent, que serais-je devenu (2) ? »

Également soucieux l'un et l'autre de remplir la haute mission imposée par la nature, Dominique et son épouse n'avaient garde de négliger la formation intellectuelle de leur fils. « Ils l'envoyèrent de bonne heure à l'école publique de la ville, et ils n'eurent qu'à s'en féliciter »,

1. Mgr Touchet, *Œuvres oratoires*, t. II, p. 271.
2. P. Raphaël de Rome, l. I, c. I.

dit son premier biographe (1). Il éclipsait ses condisciples par la vivacité de sa conception et la richesse de ses talents, et rentrait chaque soir chargé tantôt des éloges des maîtres, tantôt de ces lauriers qui font l'orgueil des parents. Ceux-ci, étonnés de pareils succès et interrogeant l'avenir, se demandaient l'un à l'autre avec une légitime anxiété : « Que ferons-nous de cet enfant ? » La Providence va répondre à leur question et récompenser leur dévouement.

1. P. Raphaël de Rome, l. I, c. 1.

CHAPITRE II

L'ÉTUDIANT (1690-1697)

Dominique Casanova avait un frère nommé Augustin, richement établi à Rome, marié, père de famille, à la tête d'un atelier considérable, un de ces négociants qui savent faire un bon emploi d'une fortune acquise à la sueur de leur front. Ayant entendu parler des heureuses dispositions de son neveu et augurant un brillant avenir, Augustin l'invita à profiter des trésors de science que distribue à la jeunesse la capitale du monde catholique, et le manda près de lui. Il prenait totalement à sa charge les frais de son éducation. Sa proposition était, à son insu, la réponse de la Providence aux sollicitudes secrètes des parents, non moins qu'aux aspirations intimes de l'enfant, avide de connaître et de s'instruire. Paul-Jérôme partit donc pour la Ville éternelle, sans obstacles, mais non sans larmes, paré de tous les charmes de son âge et souriant à l'avenir. Il avait quatorze ans au plus (1).

Son oncle, devenu son tuteur par un mouvement de libéralité purement spontané, s'acquitta de sa mission en homme qui a conscience des hautes responsabilités qu'il assume. C'est

1. C'est ce qui ressort des dépositions du procès apostolique (*Summarium*, p. 52 et 78).

le témoignage unanime que lui rendent les contemporains. Il avait deux fils, il admit Paul-Jérôme à sa table, à côté d'eux, le traita avec la même affection, lui choisit pour guide spirituel le P. Grifonelli, prêtre de l'Oratoire de Saint-Philippe de Néri, pour professeur de grammaire un savant ecclésiastique nommé François Santoléri, et ne recula devant aucun sacrifice pour lui assurer le bénéfice d'une instruction complète, dans un but que nous découvrirons plus tard. De son côté, lisons-nous dans les pièces officielles, le doux adolescent le payait de retour par une déférence et une soumission qui procuraient à l'oncle la plus douce des jouissances (1).

Paul-Jérôme passa ainsi les deux premières années de son séjour à Rome, sous la direction de don François Santoléri (2). Au mois de novembre 1692, selon les mêmes documents, il aborda les études supérieures ; il suivit pendant cinq ans les cours universitaires, fit ses Humanités et la Rhétorique au Collège romain, apprit les éléments de la logique à la Minerve, se montra assidu au cours de médecine, et revint achever sa philosophie au Collège romain, où il eut le bonheur d'entendre les leçons du P. Toloméi, Jésuite de renom, revêtu depuis de la pourpre romaine (3).

1. *Summarium,* loc. cit. — 2. *Ibid.,* p. 52.
3. *Ibid.,* p. 52 et 78. — Le Collège romain est dirigé par les Pères de la Compagnie de Jésus, la Minerve par les Dominicains.

On sait quelle est l'ardente jeunesse qui fréquente ces Universités, foyer de vie intellectuelle et magnifique création du pontificat romain. On y parle toutes les langues ; toutes les races s'y coudoient, toutes les passions s'y mêlent. « Le fils de Dominique Casanova avait seize ans au moment où il s'inscrivait pour les Humanités (1). » Dès les premiers mois il gagnait l'estime de ses maîtres par le développement harmonique de toutes ses facultés : semblable, selon la comparaison de son premier biographe, à ces terres fécondes qui n'attendent que les chauds rayons du soleil d'avril pour se parer de tiges et d'épis (2). La comparaison est vraie autant que gracieuse. Mais que de fois, en avril, des frimas inopportuns viennent contrarier les efforts de la nature et anéantir, en un instant, les espérances du moissonneur ! Les frimas, dans les agrégations de jeunes gens, ont un nom : c'est le choc des passions, ce sont les rencontres funestes, c'est surtout l'influence délétère de certains esprits, inquiets, fous d'indépendance et plus amateurs de voluptés que de labeurs intellectuels.

Avec ce tact délicat que donne la pureté du cœur, notre Bienheureux sut les discerner et du même coup les écarter, en attendant qu'il songeât à les ramener au sentiment du devoir. Il fit un choix et ne se lia qu'avec des jeunes gens sérieux et partageant ses goûts austères. Les

1. *Summarium,* p. 78.
2. P. Raphaël de Rome, l. I, c. I.

historiens n'en citent que deux, Louis Foggia et Pierre Miré. Pénétrons un peu dans l'intimité de leurs relations : nous n'aurons qu'à gagner au contact de ces cœurs limpides et uniquement enthousiastes du bien.

Louis Foggia, simple doreur, était remarquable par le sens pratique de ses observations. Il disait un jour à Paul-Jérôme, à propos d'une légère impatience : « Marche sous le regard de Dieu, et tu triompheras sans peine des mauvais penchants de la nature. » Une autre fois, il lui glissa ces deux mots dans l'oreille : « Veux-tu venir au sermon ? — Volontiers », répliqua le Bienheureux toujours friand de ces festins spirituels. Et Louis le conduisit hors des murs de Rome. Arrivé en face d'un gibet où pendait le cadavre bleu d'un criminel : « Regarde, lui dit-il, voilà le prédicateur ! Quiconque vit mal, finit par tomber tôt ou tard sous les coups de la justice divine. » — « Ce spectacle nous valut le meilleur des sermons, déclare à son tour le fils de Casanova ; il nous fit toucher du doigt le côté hideux du vice et les conséquences fatales d'une passion non domptée (1). » Nous ne connaissons de Louis Foggia que cette anecdote et ces réflexions morales.

Pierre Miré est l'autre ami du Saint, l'ami privilégié. Entrés le même jour au Collège romain, mais sans poursuivre le même but, ils ne

1. P. Raphaël de Rome, l. I, c. II ; — et *Summarium*, p. 57.

se quittèrent plus pendant cinq ans et contrac-
tèrent ensemble une de ces pures et fortifiantes
affections qui sont le rayon de soleil de la jeunesse et qui n'ont pas de déclin, parce qu'elles
sont fondées sur une estime mutuelle et la pratique de la vertu. Plus tard, notre Bienheureux
ne passera jamais par Rome sans faire une
visite à Pierre Miré. Nous avons donc dans ce
dernier plus qu'un ami ordinaire ; c'est un confident qui, saisi d'un juste sentiment d'admiration, a scruté la conduite de son pieux condisciple, conversé familièrement avec lui pendant
cinq années de suite et pénétré jusque dans les
derniers replis de son cœur. Or, quand il est
officiellement convié à nous retracer cette physionomie si attachante d'étudiant, il nous le dépeint tel qu'il le revoit dans ses souvenirs, tel
que nous nous l'imaginions et plus beau encore :
« toujours humble et modeste, et fidèle dans ses
affections, ami de la discipline, empressé au travail et ne discourant jamais que sur les sciences
ou sur Dieu. — Ensemble, aux jours de fête,
ajoute-t-il, nous fréquentions les basiliques et
les oratoires. Aux jours de congé, il venait me
retrouver à la maison, ou bien encore il nous
conduisait, mes deux frères et moi, à la villa
de son oncle, au delà de la Porte-Salara, en
ayant soin, chaque fois, de commencer la pro-
menade par la récitation du saint rosaire.
Jamais, ni dans ses paroles ni dans ses actions,
je n'ai rien surpris de répréhensible. Tout au contraire, il était un modèle de piété et de ferveur,

d'une ferveur poussée jusqu'à l'héroïsme (1). »

Les autres condisciples de Paul-Jérôme ne pensent pas autrement que Pierre Miré. Tous admirent sa modestie angélique, « tous le regardent comme un autre Louis de Gonzague (2)». Sur l'invitation de quelques-uns d'entre eux, des meilleurs, il se fit inscrire à l'oratoire du Père Caravita et s'enrôla dans la congrégation des *Douze-Apôtres :* association dirigée par les fils de saint Ignace et qui avait pour but certaines formes de l'apostolat laïque, comme d'enseigner le catéchisme aux enfants, de racoler les ignorants ou les désœuvrés et de les emmener dans les églises entendre la parole de Dieu. Notre jeune étudiant se livra, avec la fougue de ses dix-sept ans, à une œuvre de prosélytisme qui allait bien à son tempérament et qui n'était pour lui, à son insu, qu'un prélude à un ministère d'ordre plus élevé. Une autre Congrégation, celle de l'Oratoire de Saint-Philippe de Néri, le comptait également parmi ses membres les plus actifs (3).

Dans ces institutions vénérables, créées tout exprès pour la jeunesse des écoles, notre Bienheureux trouvait une foule d'avantages et de jouissances insoupçonnées, de nobles et réconfortantes amitiés, une digue contre la montée des flots du plaisir, et aussi l'incomparable félicité de faire du bien, de guérir les misères mo-

1. *Summarium,* loc. cit.
2. Ex officio sancti Leonardi.
3. *Summarium,* p. 52 et 79.

rales du peuple, mille fois plus horribles que ses misères physiques. Aussi, quand plus tard il jettera un regard sur ces années d'étude et de paix, aura-t-il un souvenir ému pour ses maîtres et saura-t-il recommander ces sortes d'associations comme la meilleure des sauvegardes pour l'adolescence. De ses maîtres, il dira : « C'est aux professeurs du Collège romain que je dois tout ce que j'ai de science et d'instruction (1). » Des autres : « C'est aux pieuses associations de la jeunesse, à leurs ambiances pénétrantes, que je suis redevable de ma persévérance et de ma préservation (2). »

Tout en consacrant ses loisirs aux œuvres extérieures, Paul-Jérôme ne négligeait pas ses études. Il n'avait garde non plus de laisser s'éteindre en lui la flamme de la piété. Il l'entretenait soigneusement, parcourait, savourait les ouvrages de saint François de Sales, son auteur de prédilection, ne se lassait pas de relire ces pages immortelles de l'*Introduction à la vie dévote*, en faisait la loi de sa vie, s'habituait à dompter les appétits sensuels et se montrait des plus assidus autour de la chaire des prédicateurs. Il était doué d'une heureuse mémoire et se plaisait, pendant les repas, à débiter quelques bribes de sermons ou à raconter quelque exemple édifiant ; il en oubliait quelquefois le

1. *Summarium*, p. 585.
2. Le P. Salvator d'Orméa (éd. Labis, t. I, c. II, p. 39) atteste que le Saint donna notamment ce conseil en 1749, lors de la mission anté-jubilaire de Rome.

boire et le manger. En revanche, il captivait l'attention de ses auditeurs, qui se disaient les uns aux autres : « Vous verrez que cet enfant-là deviendra un grand prédicateur. » Ce n'était pas l'affaire de son oncle, qui, tout en l'aimant beaucoup, voyait de mauvais œil ces allures trop mystiques pour lui. Un soir, il le rappela sévèrement à l'ordre et lui dit d'un ton bourru : « C'est assez ! Laisse-là tous ces discours, et prends ta réfection (1) ! »

Augustin Casanova pensait en homme du monde. Il destinait ce neveu, dont il était justement fier, à la carrière de la médecine, et n'ambitionnait pour lui que la fortune et les honneurs. Mais celui qui est l'arbitre des vocations avait jeté les yeux, lui aussi, sur ce jeune homme, sur cette âme d'élite, et il la réservait à une gloire moins éphémère.

1. P. Raphaël de Rome, l. I, c. 1.

CHAPITRE III

Ici-bas, les vocations se diversifient à l'infini, selon les milieux et les aptitudes; toutes sont bonnes, toutes sont fondées sur le sentiment du devoir et l'acceptation du sacrifice, toutes ont pour fin l'extension du règne de Dieu et l'acquisition du ciel. Mais il en est une qui se distingue des autres par son excellence et dont le Sauveur lui-même a posé les lois dans l'Évangile. Un jeune homme s'approche de lui et l'interroge dans les termes suivants : « Bon Maître, que faut-il faire pour posséder la vie éternelle? — Garde les commandements. — Mais je les ai observés dès ma jeunesse. » Alors le Fils de Dieu jette sur l'interpellateur un regard plein d'amour, et il ajoute : « Si tu veux être parfait, va, vends tes biens, donnes-en le prix aux pauvres, viens, suis-moi, et tu auras un grand trésor dans le ciel. »

Parole créatrice, toujours féconde, toujours efficace! Le divin Rédempteur ne laisse pas périr ses œuvres. Il parle, à travers les âges, à certaines âmes et à certaines heures; il parle avec une force et une suavité qui décèlent indubitablement sa présence, sans jamais violenter la liberté humaine; et à tous ceux qu'il invite à monter plus près de son Cœur, il redit, sans se répéter, le même mot victorieux : « *Veni, se-quere me.* Viens, et suis-moi. » Heureux les élus! Paul-Jérôme était de ce nombre. « Tout petit enfant, nous dit son premier biographe, il avait entendu les mystérieux appels de la grâce (1). » A mesure qu'il grandissait, le *Veni sequere me* retentissait plus sonore aux meilleurs plis de sa conscience, y éveillant un vif désir de la vie religieuse, un irrésistible attrait vers la solitude. Voix du ciel et douces sollicitations contre lesquelles il ne tenta point de regimber! Il était de ces âmes chez qui le besoin d'aimer est plus profond et qui comprennent que l'éternelle Beauté peut seule le satisfaire. Ce qu'il cherchait, c'était Dieu; ce qu'il ambitionnait, c'était d'être à Dieu, sans réserve et sans partage, n'importe sous quel habit; c'était de marcher de plus près sur les traces du Christ; c'était de devenir le médecin des âmes, au lieu d'être le médecin des corps. Toutefois, il ne brusqua rien. Avant de prendre une résolution définitive, et sans discontinuer ses études philosophiques et médicales, il employa les moyens que suggère en pareille circonstance la prudence chrétienne; il pria, il s'imposa des privations, il consulta (2).

Le premier auquel il s'ouvrit de son dessein fut son directeur habituel, le P. Grifonelli, qui possédait et méritait toute sa confiance. A genoux devant lui, dans la chambre d'un saint,

1. P. Raphaël de Rome, l. I, c. II.
2. *Id.*, loc. cit.

« celle de saint Philippe de Néri », remarque le narrateur (1), il fit une revue générale et complète de toutes les fautes de sa vie, au milieu de larmes intarissables et de sentiments de componction qui trahissaient déjà l'âme d'un saint. Puis il se releva, inondé de lumières surhumaines, transformé en un autre homme, prêt à tous les sacrifices. Heure bénie, une de ces heures inoubliables où le surnaturel envahit l'âme et semble y verser, par ses touches enivrantes, toutes les délices du paradis ! « En ce moment-là, dira-t-il cinquante ans après dans un de ses épanchements intimes avec le Frère Diégo, en ce moment-là, je me sentais un peu de ferveur ; mais aujourd'hui j'ai tout perdu (2) ! »

Que son jeune pénitent fût appelé à la vie religieuse, le P. Grifonelli n'en doutait nullement ; mais, directeur expérimenté, il voulut quand même le soumettre à ce qui est la pierre de touche des vraies vocations : l'obéissance et l'humiliation. Il lui dit un jour : « Allez, informez-vous près des libraires, et achetez-moi les fables d'Esope, de Bertoldo et de Bertoldino, réunies en un seul volume solidement relié. » Un autre eût pu trouver la plaisanterie de mauvais goût ; Paul-Jérôme ne le fit pas. Il partit sur-le-champ et courut d'une librairie à l'autre, sans recueillir autre chose que des quolibets ou des railleries auxquels il ne répondait pas. Quand il vint rendre compte de l'insuccès de ses

1. Fr. Diégo de Florence (*Summarium*, p. 53).
2. *Id.*, loc. cit.

démarches, le P. Grifonelli, feignant d'être très mécontent, lui cria d'un ton sec, presque ironique : « Que vous êtes peu intelligent ! » Le Bienheureux ne répliqua rien ; il s'offrit même à recommencer au besoin (1).

L'épreuve était concluante : un jeune homme ainsi maître de lui-même était maître du monde et capable des plus sublimes dévouements. Restait la question du choix, parmi tant de règles et de costumes. Le serviteur de Dieu flottait indécis, quand une rencontre inopinée vint mettre un terme à ses anxiétés. Il traversait la place du Gesu, tout entier à ses réflexions. Tout à coup, levant les yeux, il aperçut deux religieux à la tête rasée, aux pieds nus, au maintien modeste et recueilli, « beaux comme des anges », dira-t-il plus tard. La pensée lui vint aussitôt d'embrasser leur Institut. Mais qui étaient-ils ? A quelle famille religieuse appartenaient-ils ? Il l'ignorait. Il les suivit à travers le dédale des rues, passa devant le Capitole, gravit la colline où s'étage le couvent de Saint-Bonaventure, et les vit franchir le seuil du cloître. « Voilà leur résidence », pensa-t-il ; et il entra dans la chapelle pour prier. C'était l'heure des Complies, et derrière le chœur les religieux chantaient : « *Converte nos, Deus, salutaris noster* : Convertissez-nous, ô Dieu notre Sauveur. » Il eut, à cet instant, une illumination soudaine, une claire vision de l'avenir, et il

1. Fr. Diégo de Florence (*Summarium*, p. 53).

s'écria dans un élan prophétique : « *Hæc est requies mea :* C'est ici le lieu de mon repos. » Nous tenons tous ces détails de la bouche même du Fr. Diégo (1).

L'étudiant avait trouvé sa voie; ou plutôt c'est Dieu qui la lui avait montrée par une de ces interventions directes qui auréolent le front des hommes prédestinés à une mission providentielle : il serait le disciple du Patriarche séraphique. Le couvent de Saint-Bonaventure était, en effet, occupé par une branche de l'Ordre de saint François, celle des *Riformati*. Il retourna donc, tout joyeux, à l'Oratoire de saint Philippe de Néri; et encore sous le coup de la grâce, il dit au P. Grifonelli : « Je serai Franciscain; Dieu le veut. » Et il lui raconta tout au long ce qui s'était passé : la rencontre du Gesu, la vision de Saint-Bonaventure, et sa ferme résolution d'être tout à Dieu. Devant cet ensemble de conjonctures, qu'on ne pouvait raisonnablement attribuer au hasard, le sage directeur comprit que le Très-Haut avait des desseins particuliers sur ce jeune homme, et il donna pleinement son adhésion. Seulement, pour éviter toute précipitation dans une affaire si grave et couper court à toute illusion, il exigea que Paul-Jérôme allât consulter trois théologiens alors fort renommés : les PP. Baldigiani, Jésuite, Pie de Sainte-Colombe, gardien de Saint-Bonaventure, et « Gavotti (2) », Dominicain du couvent de

1. Fr. Diégo de Florence (*Summarium*, p. 55).
2. *Summarium*, déposition de Pierre Miré, p. 79.

Sainte-Sabine. Tous trois émirent un avis identique, entièrement favorable, sur le caractère des marques qui annonçaient une si belle vocation et sur l'obligation pour le solliciteur de répondre à l'appel divin (1).

Tout souriait à notre jeune homme. Le Seigneur était manifestement avec lui. Mais, toujours respectueux et plein de déférence pour ses parents, il voulut aussi avoir l'approbation de son père et l'assentiment de son oncle. Il espérait les obtenir sans trop de peine. Il allait apprendre, à ses dépens, que le monde est toujours le même, l'ennemi de l'Évangile, et que la contradiction est le signe des élus de Dieu.

Augustin Casanova, le bienfaiteur de l'étudiant du Collège romain, nous réserve ici une surprise à laquelle on ne s'habitue pas, quoiqu'elle se présente fréquemment dans la vie des saints. Au cours de l'entretien confidentiel où Paul-Jérôme lui dévoila son dessein, il ne dissimula ni son dépit ni son irritation. « Est-ce ainsi, répliqua-t-il, que tu récompenses ton oncle des soins qu'il a pris de toi?... Et ton père! As-tu son consentement? Je vais lui dénoncer ta conduite! » Ne comprenant rien à ces aspirations mystiques, pas plus que Pierre Bernardone, le père de saint François, il essaya, lui aussi, à plusieurs reprises, tantôt par la persuasion, tantôt par d'amers reproches ou sous les plus vains prétextes, de détourner Paul-

1. *Summarium,* déposition du Fr. Diégo, p. 55.

Jérôme de ses projets. « Dieu t'appelle, dis-tu ! s'exclamait-il. Folie que tout cela ! Est-ce qu'il exige tant de pénitences ? Est-ce qu'on ne peut plus se sauver dans le monde ? » Et cent autres objections qui sont de tous les siècles et auxquelles le jeune homme opposait, avec le calme et l'assurance qu'inspire la certitude de l'appel divin, l'avis de son confesseur et la solution précise des théologiens consultés.

Le négoce endurcit-il le cœur humain ? Peut-être ! Toujours est-il que devant l'effondrement de ses rêves ambitieux, et peut-être plus encore sous l'empire des préjugés du monde, rougissant de honte à la pensée que son neveu marcherait à travers les rues, nu-pieds, affublé de bure, Augustin s'emporta au delà de toute mesure et, dans un accès de rage, le jeta violemment à la porte : « Je ne t'ai pas appelé à Rome pour faire de toi un va-nu-pieds ! lui cria-t-il. Sors de ma maison, et ne compte plus sur moi ! » Et le jeune homme s'en alla, les yeux en larmes et le cœur tout meurtri, en priant pour celui qui l'avait expulsé.

Quel assaut et quel dénouement ! Mais la tempête n'abat pas le chêne des montagnes ; elle le force seulement à plonger ses racines plus avant dans le sol. L'épreuve que venait de subir le serviteur de Dieu ne servit de même qu'à affermir sa vocation. Il se réfugia chez ses cousins les époux Pongetti, le gendre et la fille d'Augustin Casanova. Navrés de douleur au récit de la scène que nous connaissons, tous deux l'accueillirent avec bonté. Sur sa demande, Léonard Pongetti s'interposa à titre de médiateur entre le protecteur et le protégé, mais sans succès, du moins pour le moment; il dut se contenter de lui offrir un abri dans sa propre demeure et de pourvoir à ses besoins (1).

L'ambition est mauvaise conseillère; elle avait littéralement aveuglé l'irascible négociant. Tout autre, hâtons-nous de le dire, fut l'attitude du brave marin de Port-Maurice, lorsqu'il apprit, par les missives de Paul-Jérôme et d'Augustin, la douloureuse nouvelle. Il était père, et au premier abord, à la pensée qu'il allait perdre son fils aîné, ce fils sur lequel reposait tant d'espérances, il éclata en sanglots. « Il lui semblait, remarque le Fr. Diégo, qu'on lui arrachait le cœur. » Mais bientôt, dominant son chagrin, il se rendit à l'église; et là, prosterné devant le tabernacle, la lettre de Paul-Jérôme à la main,

---

1. Dans la relation de la scène de l'Expulsion, nous n'avons fait qu'analyser la déposition du Fr. Diégo (*Summarium*, p. 56), confirmée et complétée par celles de Jeanne Pongetti (p. 29) et du P. Jérôme de Pompéiana (p. 65). Le Fr. Diégo déclare en terminant (p. 58), qu'il s'appuie sur les archives du couvent et de Saint-Bonaventure et en particulier sur les notes du P. Dominique, frère du Saint. On peut le croire sur parole. Le P. Raphaël de Rome (l. II, c. II) adoucit beaucoup la note, dans toute cette affaire; il retranche ce qu'il y a d'odieux et passe même complètement sous silence le dénouement final, l'Expulsion. Mais il est facile d'expliquer cette omission et cette réserve de langage. Publiant sa biographie cinq ans seulement après la mort du Saint, il ne voulait pas contrister la famille par un souvenir si pénible.

nouvel Abraham, il sacrifia ce qu'il avait de plus cher au monde et l'offrit généreusement au Maître de la vie. Il avait prononcé son *fiat* avec une héroïque abnégation : il ne le retira point, agissant jusqu'au bout en croyant sincère, qui place les droits du Créateur au-dessus de tout le reste. « Va, écrivit-il à l'étudiant du Collège romain, et obéis à la voix de Dieu (1). »

Quelques semaines après, Paul-Jérôme était au comble de ses vœux et d'une allégresse débordante dont il ne cachait pas les motifs. D'une part, il recevait l'autorisation de son père; de l'autre, les supérieurs des Riformati de la Province romaine lui notifiaient son admission au noviciat. Les fiancés s'empressent de faire part de leur joie à leur entourage et à leurs proches. Pourquoi reprocher à notre postulant d'avoir communiqué la sienne à tous ceux qui étaient dans la confidence? Puis, sans plus de délai, il remercia Léonard Pongetti, dit adieu au Père Grifonelli, s'arracha aux embrassements de Pierre Miré, lui remit ses livres et ses notes pour son frère cadet, et partit, sans autre trésor que ses talents et sa bonne volonté, pour le noviciat des Riformati (2).

1. *Summarium*, p. 57.
2. Déposition du Fr. Diégo (*Summarium*, p. 57).

CHAPITRE IV

Les Riformati (ou Réformés) étaient, ainsi que les Alcantarins et les Récollets, soumis à la juridiction de l'Observance. Mais en quoi cette branche se distinguait-elle des autres? Et pourquoi ces ramifications à l'infini? Jetons un regard rapide sur les origines franciscaines, et il nous sera facile d'élucider ces questions. Ajoutons que cette étude n'a plus pour nous qu'un intérêt rétrospectif, depuis que Léon XIII, par la bulle *Felicitate quadam,* du 4 octobre 1897, a supprimé ces dénominations et réuni les différentes branches de l'Observance en un seul corps (1).

Rappelons-nous l'origine miraculeuse de la vocation du fils de Bernardone et comment le crucifix de Saint-Damien lui fit entendre par trois fois ces mystérieuses paroles : « Va, François, et répare ma maison qui tombe en ruines (2). » Jamais, depuis les premiers apôtres, le divin *Sequere me* n'avait été plus distinctement proféré à des oreilles humaines; jamais il ne fut mieux accueilli. Sans ombre d'hésitation, Fran-

---

1. L'Ordre est actuellement divisé en trois branches : les Frères-Mineurs, les Capucins et les Conventuels.
2. Voir notre *Vie de saint François d'Assise,* ch. II.

çois, « le roi de la jeunesse assisienne », dit adieu à tout ce qui l'avait jusqu'alors enchanté, et dépouillé de tout, s'employa à l'œuvre qui lui avait été montrée en esprit, à la restauration de la société chrétienne, avec un amour de Dieu, un zèle des âmes, un abandon à la Providence, une poésie dans l'âme, une joie céleste dans le regard, qui ont pu être égalés par d'autres fondateurs, mais qui n'ont pas été dépassés.

Voilà le Poverello, l'élu de Dieu, le réformateur du XIIIe siècle, le créateur d'un Ordre exclusivement voué au ministère de la prédication, le maître qui crie à tous ceux qui s'enrôlent sous sa bannière : « Soyez mes imitateurs, comme je l'ai été du Christ. » Le modèle est trop beau pour ne pas exercer une puissante attraction sur les cœurs épris de sacrifice et d'immolation, mais trop parfait pour que la décadence ne se glisse pas dans les rangs des disciples. De là, tant de saints admirables, les Bernardin de Sienne, les Jean de Capistran, les Diégo de Cadix, en qui revivent les plus beaux traits de la physionomie du fondateur. De là aussi, des divergences d'appréciations, selon qu'on considère le contemplatif ou l'homme d'action ; des défaillances auxquelles n'échappe nul organisme vivant ; puis, avec les Paul de Trinci, les Pierre d'Alcantara, les Mathieu de Basci et les Bonaventure de Barcelone, des réformes qui ont pour but, non de retoucher la Règle du législateur, mais d'infuser à ses disciples la sève et la vigueur des temps primitifs.

Bonaventure de Barcelone est le dernier de ces réformateurs, le plus modeste, le moins connu. Simple Frère lai, il transporta d'Espagne en Italie les idées ultra-sévères de saint Pierre d'Alcantara, et fonda vers 1662, au sein de la province romaine des Riformati, une petite réforme distincte et beaucoup plus austère. Les Riformati, pourvus de statuts particuliers par le P. François des Anges, général des Observants (1526), et approuvés par Clément VII (1532), se contentaient d'un *ritiro* ou maison de récollection par province. Bonaventure de Barcelone voulait que chacun de ses couvents fût *un ritiro* et que la vie contemplative prédominât. Le couvent de Saint-Bonaventure, sur le mont Palatin, était le centre de cette nouvelle réforme, et celui de Notre-Dame des Grâces, dans la Sabine, lui servait de maison de noviciat (1). C'est donc vers ce dernier couvent que se dirigeait, en 1697, le fils de Dominique Casanova.

Le ritiro de Notre-Dame des Grâces, abrité par les cimes sourcilleuses du Gennaro et perdu dans les gorges de l'Apennin, est un de ces ermitages solitaires comme les aimait le Patriarche d'Assise. Notre jeune postulant y arriva dans le courant du mois de septembre 1697. Quand il eut franchi les murs du cloître, ces murs sombres au pied desquels viennent s'éteindre les vains bruits de la terre, il respira. Il trouvait là ce qu'il cherchait, ce que cherche

1. V. P. Luigi di Roma, *V. Fr. Bonaventura da Barcellona.* Roma, 1846.

toute âme après une crise violente : une solitude inviolée, la paix et Dieu.

Le 2 octobre suivant, il revêtait la bure franciscaine, symbole de sa rupture avec le monde. Ce jour-là, le brillant élève de l'Université grégorienne était devenu l'humble Frère Léonard : nom qu'il avait pris en souvenir de son défenseur Léonard Pongetti, et sous lequel nous le désignerons désormais. Ce jour-là, aussi, il était entré dans cette année de probation à laquelle tous les fondateurs d'Ordres religieux, saint François non moins que les autres, ont attaché, et avec raison, tant d'importance. C'est qu'en effet le noviciat est le germe de l'avenir. C'est là que s'acquiert la sainteté sous sa forme spécifique, la sainteté propre à la vocation qu'on embrasse. C'est là que l'âme reçoit une impulsion première, décisive pour le reste de l'existence. C'est là qu'elle brise une à une les chaînes dorées, disons mieux, les chaînes ignominieuses que porte le monde, cette soif de jouissances et cet orgueil de la vie qu'a si énergiquement flétris l'Apôtre des nations. Là enfin, dans l'observation quotidienne des conseils de l'Évangile, le regard s'épure, la volonté se trempe, la liberté prend son essor vers le bien, et l'être tout entier s'imprègne d'un trait physionomique, d'un trait de famille qu'il ne perdra plus. Cet air de famille, pour le fils de Dominique Casanova, c'est une touche séraphique, une certaine ressemblance avec le Patriarche d'Assise.

Le 2 octobre 1698, transfiguré par les exercices de l'ascèse religieuse, le visage pâli par les jeûnes, mais le cœur débordant d'allégresse, il s'avançait vers les autels, en présence de ses Frères, et s'engageait pour jamais, par les trois vœux monastiques, au service de Dieu et des âmes. Il avait passé un an à la formation de l'homme intérieur; les cinq années suivantes furent employées à la formation de l'homme apostolique, du prédicateur. Six années de vie cachée, six années de préparation, où l'arbre se pare de fleurs avant de se couvrir de fruits, mais sur lesquelles les historiens n'ont jeté que des lueurs passagères! Ce qui ne doit pas nous étonner, puisqu'à cette période initiale tout se passe entre Dieu et l'âme, à l'ombre des cloîtres, sous le regard ami de quelques confrères. Lueurs passagères, avons-nous dit, et ce n'est que trop vrai; mais dès lors qu'elles éclairent le visage de notre Saint et ses premiers pas dans la vie religieuse, nous n'aurons garde de les mépriser.

Contemplons-le d'abord au noviciat, à l'ermitage de Notre-Dame des Grâces. Son premier soin fut de se pénétrer de l'esprit de l'Institut auquel il s'agrégeait. Ayant appris de saint Bonaventure que l'âme monte ou descend, s'embellit ou se dégrade, selon qu'elle s'attache au Créateur ou aux créatures, et de saint François d'Assise, qu'il faut aller à Dieu, y aller de tout son être, y aller par le chemin royal de la Règle séraphique, qui est « la moelle de l'Evangile, la clef du Paradis, le nœud de l'alliance éternelle (1) », il conçut le hardi projet d'exécuter à la lettre les conseils de ces deux grands saints. On comprendra ce qu'exige d'efforts continus et d'énergie de volonté une entreprise si contraire aux appétits sensuels ; mais le jeune novice mettait toute sa confiance en Celui qui l'avait attiré à lui, et il allait de l'avant, si humble, si empressé au chant des louanges divines, si charitable vis-à-vis de ses frères, que tous, les anciens non moins que les débutants, en étaient saisis d'admiration. Lui-même, sur le déclin de ses jours, aimera à ramener la conversation sur les souvenirs embaumés de cette solitude et en particulier sur la fête de sa vêture, qu'il appellera, en usant du langage des saints, « le point de départ de sa conversion ». — « O année bénie, année de délices ! s'écriera-t-il. Que n'ai-je encore la ferveur de ces temps-là ! Mais non ; au lieu d'avancer, j'ai toujours été en reculant (2). » Réflexions suggestives à la suite desquelles les historiens nous transportent tout de suite à Rome, au scholasticat de Saint-Bonaventure.

Au noviciat, l'âme est en face de Dieu et d'elle-même. Au scholasticat, les travaux intellectuels occupent une place prépondérante, sans pourtant nuire à l'oraison mentale ni à la psalmodie de l'office divin. Quels furent, pour notre Bienheureux, ces travaux intellectuels ?

1. Expressions du Poverello.
2. Fr. Diégo (apud *Summarium*, p. 81) ; — et P. Raphaël de Rome, l. I, c. III.

A quelles sources puisa-t-il la science théologique ? Ses biographes ne nous le disent pas.
Heureusement, nous savons par ailleurs qu'en
1562, le Général de l'Ordre, le P. François
Zamorra, avait fait une obligation aux lecteurs
de prendre pour base de leur enseignement le
Commentaire du Docteur séraphique sur le
Livre des sentences. Nous savons aussi qu'un
article des constitutions des Riformati recom-
mandait de ne pas disjoindre, dans les cours de
théologie, la doctrine de saint Bonaventure de
celle de Duns Scot (1). Ces deux renseignements
nous fixent sur l'orientation donnée aux études
par les professeurs du scholasticat en question.
Notre futur missionnaire interroge tour à tour
les princes de la scholastique : saint Bonaventure, « qui conduit les âmes à Dieu comme par
la main (2) » ; Duns Scot, le champion du privilège de l'Immaculée Conception ; et l'Ange de
l'École, saint Thomas, qu'il citera fréquemment
dans ses discours. Il approfondit leurs thèses
et semble se jouer parmi les spéculations les
plus ardues ; mais sans jamais perdre de vue le
programme de saint François : « Que les Frères
travaillent fidèlement et dévotement, de telle
sorte qu'en bannissant l'oisiveté, cette grande
ennemie de l'âme, ils ne laissent point s'éteindre

1. *Saint Bonaventure*, par le R. P. Évangéliste de
Saint-Béat.
2. Expressions de Léon XIII (audience du 20 novembre 1890). — V. *Études Franciscaines*, mars 1899,
p. 304.

en eux l'esprit de prière et de dévotion, auquel toutes les autres choses doivent servir (1). »

A la fois saint et savant, « le modèle du scholasticat », disent les contemporains, il ne s'arrêtera plus dans cette voie. Mais la note dominante, c'est la piété, une piété rayonnante et communicative. Le zèle l'emporte ; il redevient apôtre, comme naguère à l'Université grégorienne, mais sur un terrain plus favorable ; sans recherche, sans effort, au gré des circonstances et par suite du prestige que lui assure, parmi ses compagnons d'études, la supériorité de ses talents comme de sa vertu. Il entretient dans leur esprit l'estime de leur sublime vocation, et ne manque pas de leur dépeindre sous les plus vives couleurs l'excellence et le mérite de l'obéissance religieuse, de cette obéissance qui ne s'incline que devant Dieu et qui ne lie la liberté qu'au bien. « Rien n'est petit de ce qui concerne Dieu », leur rappelle-t-il à l'occasion des moindres observances de la vie claustrale. Et une autre fois : « Si nous nous permettons maintenant d'enfreindre sans scrupule certaines clauses moins importantes de la Règle, plus tard, ayant plus de liberté d'allures, nous nous laisserons facilement entraîner aux plus coupables transgressions. » Ou bien encore : « Les dévotions particulières et les mortifications surérogatoires sont louables en elles-mêmes, mais à la condition qu'elles ne lèsent ni l'inté-

1. *Regula S. F.*, c. v.

grité de la vie commune ni les prescriptions de
la Règle, qui seules nous marquent le vrai
chemin de la perfection. » — « Ne visons pas
seulement à devenir de bons religieux, leur
répétait-il souvent. Soyons des saints ! Nous le
devons et nous le pouvons, avec le secours de
la grâce, qui ne nous fera pas défaut (1). »

Les récréations se passaient de la sorte en
colloques pieux, entremêlés de bons mots qui
égayaient les conversations, ou de pratiques
pieuses qui aidaient ses condisciples à se maintenir sur ces hauteurs séraphiques. C'est ainsi
qu'il introduisit parmi eux l'usage de se prévenir mutuellement de leurs défauts; et la coutume
de tirer « le saint du mois (2) », c'est-à-dire
l'image d'un saint dont on s'attache, pendant
un laps de temps déterminé, à reproduire la
vertu caractéristique.

Dans sa pensée, cet apostolat intime n'était
qu'un prélude. Il songeait aux nations infidèles,
à ces pays d'Extrême-Orient toujours plongés
dans les ténèbres du paganisme. Il en parlait,
comme on parle de ce qu'on désire vivement.
Là-bas, en Chine, il planterait la croix, conver-
tirait les habitants ou tomberait sur le sillon,
après l'avoir arrosé de son sang, à l'exemple de
tant d'autres disciples de saint François. Il crut
un moment que ses vœux allaient se réaliser.

1. Fr. Diégo (*Summarium*, p. 81); — et P. Raphaël de
Rome, l. I, c. III. — 2. « Le saint du mois » est une locu-
tion française qui traduit la pensée. Le texte italien porte :
« Le saint de la semaine. »

Un prélat, qui fut dans la suite promu aux honneurs de la pourpre, Mgr de Tournon, recrutait des ouvriers évangéliques pour le Céleste Empire. Notre Bienheureux s'offrit et fut accepté, ainsi qu'un autre étudiant de Saint-Bonaventure. Mais des événements imprévus s'opposèrent à leur départ, au grand chagrin du serviteur de Dieu. Il avait fait un si beau rêve, celui d'être le témoin du Christ et de verser son sang pour la foi ! Dans la suite, lorsqu'il apprit que la tempête était de nouveau déchaînée contre les chrétiens de Chine, il se tourna vers l'Orient et, les yeux au ciel, il s'écria en gémissant : « Moi aussi, je devais être du nombre de ces martyrs ! Mais je n'en étais pas digne, et la Providence m'a écarté, à cause de mes ingratitudes (1) ! »

Déçu de ce côté, il se rabattit sur les pays hérétiques, et sachant qu'il était question d'envoyer des ouvriers évangéliques dans la vallée de Lucerne, il sollicita près du cardinal Collorédo l'honneur d'en faire partie. « Non, mon fils, répartit le cardinal ; vous n'irez ni chez les hérétiques ni chez les infidèles. Le champ que le souverain Maître assigne à vos labeurs, c'est votre malheureuse patrie, c'est l'Italie (2). » Le Bienheureux crut qu'une réponse si lumineuse avait été dictée d'en haut au prince de l'Église, et il se résigna. Nous croyons avec lui et avec ses biographes, que cette réponse

1. Fr. Diégo de Florence (*Summarium*, p. 82); — et P. Raphaël de Rome, l. I, c. III. — 2. *Iid.*, loc. cit.

était le fruit d'une inspiration surnaturelle.

L'esprit de Dieu souffle où il veut; il prépare de loin les candidats de son choix, leur fait un signe, puis les lance à l'action. Le signe est donné ; l'élu de la Providence n'a plus qu'à obéir. Va donc, ô fils de saint François! Laisse à d'autres les palmes du martyre. Sois apôtre, et renouvelle par la puissance de ta parole la face de la péninsule italique.

C'est à Rome, au centre de la catholicité, que notre Bienheureux fit ses premières armes. Le P. Pie de Sainte-Colombe, gardien de Saint-Bonaventure, qui avait le flair des âmes et qui estimait grandement l'ancien élève du Collège romain, le désigna pour prêcher le Carême aux trois cents jeunes filles que contenait l'asile Saint-Jean de Latran. C'était hardi, le Bienheureux n'étant alors que diacre et simple étudiant; ce ne fut point téméraire. Le jeune prédicateur réussit même au delà de toute espérance, si bien qu'à la fin de la station, le directeur de l'établissement disait de lui, dans l'élan d'un saint enthousiasme : « Ce jeune religieux sera un jour une trompette de l'Évangile, une trompette éclatante ; et il ramènera en foule au bercail les brebis perdues ou égarées (1). »

Le directeur avait bien jugé. Seulement, il ne pouvait prévoir les entraves et les épreuves qui allaient retarder l'accomplissement de sa prédiction.

1. Fr. Diégo (*Summarium,* p. 83-84); — et P. Raphaël de Rome, l. I, c. III.

CHAPITRE V

MALADIE ET GUÉRISON MIRACULEUSE
(1703-1708)

La prédication de saint Léonard à l'asile Saint-Jean de Latran coïncidait avec la fin de ses études théologiques. Peu de temps après, au témoignage de ses biographes (1) — en 1703, pensons-nous — il fut invité par les Supérieurs de la Province romaine à se préparer à être revêtu de la dignité sacerdotale.

Être prêtre, c'était à la fois l'objet de ses appréhensions et de ses désirs. Il connaissait la vision du patriarche séraphique, au sujet du sacerdoce, et la parole de l'ange : « François, regarde cette eau limpide comme le cristal. L'âme du prêtre doit être plus pure encore (2). » Comment ne pas trembler ? Mais il savait aussi quel est le prix des âmes ; il entrevoyait leur beauté dans la sanglante vision du Calvaire, « et pour les sauver, il se sentait prêt à tout sacrifier, prêt à s'immoler lui-même (3) ».

Avec quel soin purifia-t-il sa conscience des moindres taches, pendant la retraite prépara-

1. P. Raphaël de Rome et Fr. Diégo de Florence, loc. cit.

2. Voir notre *Vie de saint François d'Assise*, 7ᵉ édit., ch. XVII, p. 320.

3. P. Raphaël de Rome, l. II, c. I.

toire? Avec quelle ferveur gravit-il ensuite pour
la première fois les degrés de l'autel ? Ses confidents n'ont pas jugé à propos de répondre à
ces questions ; mais à quoi bon, après tout?
Et l'ardeur de ses sentiments ne transpire-t-elle
pas suffisamment à travers chaque ligne, dans
les pages ravissantes qu'il nous a laissées sur le
saint sacrifice de la messe? « La sainte messe,
écrit-il, c'est le soleil du monde spirituel, l'âme
de la foi, le centre de la religion..., le prodige
des prodiges. Quelle langue, fût-ce celle des
chérubins, pourrait jamais expliquer le changement qui s'opère sur nos autels, à la voix
d'un enfant des hommes? Qui aurait jamais pu
s'imaginer que cette voix, incapable de soulever
un brin d'herbe, aurait la force de faire descendre
des hauteurs du ciel jusqu'à nous, Celui qui est
le Dominateur des dominateurs? C'est là un
pouvoir plus grand que celui de transporter les
montagnes, ou de tarir les flots de l'océan, ou
d'arrêter les astres dans leur marche ; c'est un
pouvoir qui rivalise en quelque sorte avec le *fiat*
de la création. — O prêtre, ministre du Pontife
éternel et invisible, recueille-toi ; tâche de saisir
ce qu'ont d'auguste les fonctions que tu exerces,
et d'imiter, parmi tes devanciers, ceux qui ont
le plus brillé par leur ferveur. Tu n'as pas de
plus beau modèle, sous ce rapport, que saint
François de Sales. On n'a jamais vu prêtre
célébrer la messe avec plus de majesté, de respect et de dévotion. Dès qu'il commençait à
revêtir les ornements sacerdotaux, il bannissait

de son esprit toute préoccupation étrangère ;
quand il montait à l'autel, son visage transfiguré avait des reflets divins qui ravissaient
tous les assistants (1). »

On ne sera pas loin de la vérité, en appliquant
à notre Bienheureux ce qu'il dit de l'évêque de
Genève ; et nous pouvons de la sorte saisir les
nuances délicates d'un portrait dont les contemporains n'ont dessiné que vaguement les
grandes lignes et les contours. Il était juste et
saint avant l'ordination, affirment-ils ; il devint
plus juste encore, plus vigilant, plus soucieux
d'avancer dans les sentiers de la perfection.
A partir de ce moment, il se confessa tous les
jours. Il garda cette louable habitude jusqu'à la
fin de sa vie, et il exhorte ses frères dans le
sacerdoce à adopter cette pratique, « à l'exemple de saint Vincent Ferrier (2). »

Dans le but d'utiliser les talents du nouveau
prêtre et de pourvoir en même temps aux besoins de leur Congrégation, les Supérieurs de
l'Ordre le nommèrent Lecteur de philosophie
au couvent de Saint-Bonaventure. Ils étaient
persuadés qu'avec lui, la jeunesse ne ferait pas
moins de progrès dans la piété que dans l'étude
des sciences. Ils avaient leur plan qu'on ne
saurait condamner ; le Très-Haut avait le sien,
qui était meilleur, et que nous allons voir se
dérouler sous nos yeux, selon les règles ordi-

1. *Le Trésor sacré*, édit. Labis, t. II, p. 265-5o5.
2. *Ibid.*, p. 476.

naires de la Providence, c'est-à-dire à travers les épreuves et les prodiges.

Le fils de Dominique Casanova était d'une complexion délicate. Déjà au cours du scholasticat, sa santé avait été ébranlée par une application mentale trop soutenue, doublée des privations et des jeûnes en usage chez les Riformati. Les fatigues de l'enseignement achevèrent d'épuiser ses forces ; et au bout de quelques mois, survinrent des vomissements de sang compliqués de fièvre, d'inappétence, d'une maigreur excessive et d'autres symptômes non moins alarmants qui le contraignirent, à l'immense désolation de ses élèves, à abandonner sa chaire de philosophie. Les médecins essayèrent en vain d'enrayer le mal. Enfin, en dernière ressource, ils conseillèrent un changement d'air, avec un complet repos d'esprit. Le malade, aussi docile que patient, promena donc ses douleurs à travers l'Italie, de Rome à Naples, à Vallecorsa, à Port-Maurice, sa patrie.

Le séjour dans sa ville natale marque la dernière étape de cette période de souffrances. Il y arrivait en 1704, demandait l'hospitalité au couvent de l'Annonciade, occupé par les Mineurs de l'Observance, et avait la consolation de revoir sa famille. Mais dans quel état! Pas d'illusion possible ; c'était une victime que guettait la mort. Lui seul, dans cette extrémité, ne désespéra point. L'art et les secours humains étaient impuissants à le guérir ; il eut recours à celle que, pauvre petit orphelin, il avait choisie pour sa Mère, à celle qui est la Reine des apôtres, la patronne spéciale de l'Ordre de Saint-François, le salut des infirmes, et lui adressa une fervente supplication dont ses biographes nous donnent le sens. « O Souveraine des anges, lui dit-il, le Très-Haut ne peut rien vous refuser. Commandez donc à la vie de revenir; rendez-moi la santé, et en retour, je serai votre missionnaire : je me consacrerai corps et âme à la conversion des peuples. »

A peine sa prière est-elle terminée, qu'une mystérieuse transformation s'opère dans tout son être. Le mal qui le consumait s'en va; la fièvre disparaît, un sang généreux coule dans ses veines: Il est guéri, si complètement et si radicalement guéri, que pendant les quarante-sept années qu'il lui reste encore à vivre, il pourra parcourir l'Italie, prêcher chaque jour, matin et soir, affronter les intempéries des saisons et supporter mille autres fatigues, sans jamais se ressentir de la maladie dont il a été délivré. Il n'y a donc pas à en douter, nous sommes ici en présence du surnaturel. C'est un miracle qui a arraché le Bienheureux aux portes du tombeau; et ce miracle est dû à l'intercession de la Reine du ciel. Deux témoins autorisés, les deux contemporains qui nous servent de guides, se portent garants de la certitude du fait et du bien-fondé de son interprétation (1).

1. P. Raphaël de Rome, l. I, c. iv; — et Fr. Diégo (*Summarium*, p. 85). — Diégo détermine bien l'année du

Mieux encore ; nous avons, pour l'un et l'autre, l'attestation positive du miraculé lui-même, qui voudra que le reste de sa carrière ne soit plus qu'une longue action de grâces, qu'un chant de reconnaissance. Écoutons-le. Voici sous quelle forme vivante et imagée il publie, du haut de la chaire, les grandeurs et les bienfaits de Marie.

« Lorsque je repasse dans mon cœur les grâces innombrables qui me sont venues par les mains de la très sainte Vierge, savez-vous quelle est l'idée qui se présente à mon esprit? Permettez-moi de le proclamer ici publiquement, à la gloire de mon auguste Souveraine. Je me compare à ces sanctuaires vénérés où se dresse quelque madone miraculeuse et dont les parois sont tapissées d'*ex-voto*, avec l'inscription mille fois répétée : *Faveur de Marie*. Cette formule bénie, il me semble la lire sur toutes les parties de mon être. Cette santé si parfaite qui m'a été rendue, *après cinq années de souffrances où je me mourais d'étisie : Faveur de Marie*. Cette vigueur d'esprit qui m'anime, ce ministère sacré que j'exerce, ce saint habit que je porte : *Faveur de Marie*. Chaque bonne pensée, chaque sentiment d'amour, chaque acte de foi ou de charité : *Faveur de Marie*. Regardez, sur ma langue, sur mon cœur, sur tous les membres de mon corps, sur toutes les facultés de mon âme, partout vous lirez ces deux mots gravés en lettres d'or : *Faveur de Marie*. Bénie

retour de notre Saint dans sa ville natale (1704); mais il ne parle pas de la date de sa guérison miraculeuse.

soit donc à jamais mon incomparable bienfai-
trice! Pour moi, je ne cesserai de chanter sa
puissance et sa bonté; et si je suis admis un
jour à faire partie de la cour céleste, je redirai
encore, je redirai toujours, à la louange de ma
protectrice : C'est à Marie que je dois le ciel(1). »

1. Sermons de saint Léonard, édit. Labis, t. V, p. 112.

CHAPITRE VI

Noblesse oblige; les bienfaits également, les bienfaits divins plus que tous les autres. Aussi le miraculé de Port-Maurice se sentait-il pressé de tenir ses engagements et de mettre la main à l'œuvre des missions. « Il aurait voulu, selon la remarque de son premier biographe (1), s'élancer immédiatement à la conquête de l'univers. » Mais, dans l'Église de Dieu, personne n'a le droit d'enseigner ses frères, ni de commander aux consciences, s'il n'est envoyé par ceux qui, dans la hiérarchie catholique, ont été dûment institués ses chefs légitimes. Le Bienheureux le savait. Prêtre, il lui fallait obtenir de l'évêque d'Albenga les pouvoirs de juridiction requis pour tout confesseur; religieux, il avait besoin de l'approbation des Supérieurs de l'Ordre pour courir à sa nouvelle destination. De là un délai, pendant lequel, du reste, il ne resta pas inactif. Il lut, il étudia, il composa des panégyriques qui ne devaient pas être sans mérite; puis, il les brûla! Il avait ses motifs, qui s'inspirent de la plus rare comme de la plus saine des ambitions. Il ne voulait pas devenir un rhéteur, ni un écrivain de marque; il voulait

1. P. Raphaël de Rome, l. I, c. IV.

devenir un saint ! A quoi bon dès lors les périodes sonores qui ne servent qu'à flatter
l'oreille, sans profit pour le cœur ? Aussi, dans
un de ses épanchements intimes avec le Frère
Diégo, s'écriera-t-il douloureusement, en se
frappant la poitrine : « Quel temps précieux
j'ai perdu à écrire ces discours (1) ! »

Le zèle des âmes lui suggéra un autre moyen
de ranimer la piété parmi ses compatriotes : ce
fut d'implanter sur leurs terres le salutaire
exercice du *chemin de la croix,* jusqu'alors
inconnu dans ces contrées. Ses confrères, ses
parents, ses amis, auxquels il s'ouvrit de son
projet, l'aidèrent de leur or ou de leur temps,
s'estimant heureux de pouvoir ainsi payer à
Dieu le tribut de leur gratitude pour sa guérison miraculeuse. Grâce à leur concours, il fit
grandement les choses ; il bâtit, sur l'esplanade
du couvent de l'Annonciade, quatorze petites
chapelles représentant les quatorze stations de
Jérusalem, les orna de peintures, et grava lui-
même les versets de l'Écriture relatifs à la
Passion de Notre-Seigneur. Il érigea un autre
chemin de croix, plus modeste, dans l'intérieur
de la chapelle. Chaque dimanche, c'était fête
au couvent ; et l'affluence devenait de plus en
plus considérable. Un prêtre en chape présidait
la cérémonie. A chaque station, le Saint lui-
même prenait la parole pour interpréter le sens
des inscriptions bibliques qu'il avait choisies.

1. *Summarium,* p. 86.

Il le faisait avec tant de chaleur, avec tant d'onction surtout, que les auditeurs ne s'en retournaient pas sans avoir versé des larmes de componction, de ces larmes qui réparent le passé et assurent l'avenir (1).

Enfin, en 1706, il recevait de Mgr Georges Spinola, évêque d'Albenga, une lettre élogieuse l'autorisant à prêcher dans toute l'étendue de son diocèse. Le Général des Franciscains le relevait, de son côté, du poste de Lecteur de philosophie, pour lui ouvrir la carrière de la prédication. Le miraculé était au comble de ses vœux. Sans plus de délai — dès le mois de janvier 1708, d'après le Fr. Diégo (2), au mois de mai seulement, selon le P. Raphaël de Rome (3) — il inaugurait la longue série de ses labeurs; et les environs de Port-Maurice, Artallo en tête, eurent les prémices de sa parole sacerdotale.

Entrons avec lui dans le champ où il va jeter sa faucille d'or et moissonner ses premières gerbes pour le Roi immortel des siècles.

Artallo est un faubourg de Port-Maurice. Chaque matin, le Bienheureux s'y rendait du couvent de l'Annonciade, nu-pieds, un crucifix sur la poitrine, un rosaire à la mai. Il y restait toute la journée, à la disposition des pénitents.

---

1. Raphaël de Rome, l. I, c. IV; — et *Summarium,* p. 86.

2. *Summarium,* p. 142.

3. L. I, c. IV. — Du biographe ou du compagnon lequel s'est trompé de date? Nous l'ignorons.

Un soir, il prêchait sur les supplices de l'enfer. « Voluptueux, vindicatifs, calomniateurs, s'écriait-il, qui de vous pourra habiter parmi ces feux dévorants (1) ? » Après cette interpellation directe, il s'arrêta brusquement, se fit apporter une torche et tint sa main droite quelques minutes au-dessus de la flamme, en dépit des douleurs cuisantes qu'il ressentait. Cette prédication par les faits frappa vivement l'imagination du peuple. Cependant le Bienheureux y renonça, estimant avec raison qu'il était préférable de s'adresser à l'intelligence et d'émouvoir les cœurs (2).

Quelle jouissance, pour un cœur sacerdotal, que de pouvoir donner une âme à Dieu, surtout quand c'est une âme malheureuse, une âme bourrelée de remords ! Ce fut là l'ineffable consolation que le Bienheureux goûta à Notre-Dame-des-Plaines. La nuit était venue, la prédication terminée ; le missionnaire s'en retournait à l'Annonciade, en récitant tout bas son chapelet. Tout à coup il entend derrière lui des gémissements, des sanglots étouffés. Il se détourne et aperçoit un homme qui se jette tout en larmes à ses genoux. « Père, murmure celui-ci, vous avez devant vous le plus misérable pécheur qu'il y ait sur la terre. — Et vous, répliqua le Saint en l'embrassant avec tendresse, vous avez devant vous un père qui vous aime sans mesure. » Et il l'emmène au couvent, l'encourage,

1. *Œuvres complètes du Saint*, t. III, p. 411.
2. *Summarium*, p. 151.

écoute le long aveu de fautes qu'il n'avait jamais osé déclarer jusque-là, et ne le congédie qu'après l'avoir réconcilié avec sa propre conscience et avec Dieu (1).

A Caramagna, autre épisode, d'un caractère tout différent. C'était le jour de la fête locale, saint Barthélemy, 24 août. Invité à prononcer le discours d'usage et prévenu des abus invétérés qui changeaient les cérémonies religieuses en une occasion de scandale, il n'eut garde de refuser. A l'Évangile, il s'éleva avec une vigueur tout apostolique contre les plaisirs, les bals et les orgies qui en étaient la conséquence fatale. L'assistance paraissait convaincue de la vérité de ces reproches. Mais, ô tyrannie de l'habitude, ô force de l'entraînement ! Au sortir de la messe, les villageois se font signe les uns aux autres et courent aux danses accoutumées. Ils comptent sans le Bienheureux, qui les aime trop pour les abandonner à leurs folies. Il se dirige vers eux, son crucifix à la main ; deux acolytes portant des cierges allumés l'accompagnent. A cette vue, danseurs et violonistes prennent la fuite. Le serviteur de Dieu les arrête et les harangue avec une véhémence extraordinaire, pendant que le Très-Haut lui-même leur parle sous une autre forme : un bras du crucifix se détache visiblement de la croix que tient le missionnaire. « Voyez ! leur crie ce dernier ; le Seigneur veut vous faire comprendre par là qu'il

1. P. Raphaël de Rome, l. I, c. IV.

condamne vos bals et qu'il est prêt à lancer ses foudres sur vos têtes, si vous ne promettez pas de vous amender ! » Tous sont atterrés et jurent de ne plus profaner la fête des saints (1).

Chose étonnante ! Après de pareils débuts, où le surnaturel seconde si manifestement les efforts du missionnaire, ce dernier abandonne soudain l'action pour le repos et s'applique à créer un foyer de vie contemplative. On dirait un général qui bat en retraite après la victoire, et l'on serait tenté de condamner un mouvement si peu conforme aux règles de la stratégie, si l'on ne savait que les envoyés de Dieu ont des lumières supérieures aux nôtres et que leur premier souci est de porter remède aux maux de leur époque. Quels sont ces maux à l'aube du dix-huitième siècle, et comment notre Bienheureux cherchera-t-il à les guérir ? Le chapitre suivant nous fournira la réponse.

1. *Summarium*, p. 142. — Cf. P. Raphaël de Rome, l. I, c. IV.

CHAPITRE VII

La solitude est, dans tous les temps, le prélude obligé de l'apostolat. C'est elle qui prépare de loin un des plus étonnants prodiges de l'ordre surnaturel : l'union de la vie active et de la vie contemplative. C'est elle qui établit l'harmonie entre ces deux tendances divergentes et les force à concourir, sœurs inséparables, à la rédemption du monde. L'isolement met l'âme en contact avec Dieu ; la contemplation ravit le feu du ciel ; l'apostolat le communique à la terre. C'est l'ordre voulu par la Providence ; c'est l'ordre tracé par saint François.

Mais il y a des époques plus tourmentées, où la lutte du mal contre le bien atteint au paroxysme de la fureur. L'esprit public se pervertit, le vice s'étale avec insolence, la justice se vend, la vérité est proscrite ; l'erreur prévaut, et avec elle renaît le hideux paganisme, pour le malheur des peuples. Alors les moyens ordinaires ne suffisent plus. « Il faut, dit Bossuet, quelque chose de plus violent pour persuader le monde endurci. Il faut lui parler par des plaies ; il faut l'émouvoir par du sang » ; un sang pur et innocent, celui des François d'Assise, des Pierre d'Alcantara, des Vincent Ferrier, qui sont des martyrs de la pénitence volontaire, avant d'être les libérateurs de leur génération.

Le xviiie siècle est une de ces époques malheureuses, la plus troublée de toutes. Il s'ouvre sur les scandales de la Régence et se ferme sur les hécatombes de 93, semant à pleines mains sur sa route la révolte et les ruines : tyrannie protestante en Angleterre et en Allemagne ; folies du régalisme en Italie ; partage de la Pologne ; déprédations des Turcs sur terre et sur mer ; et en France, la peste de Marseille, les blasphèmes de Voltaire, les crimes de Marat. Un souffle d'athéisme passe sur toute l'Europe, déchaîne toutes les tempêtes à la fois, et aboutit au cataclysme le plus effroyable dont il soit question dans l'histoire, celui de la Révolution. Mais l'humanité ne peut se passer de Dieu, et les violations du droit ne restent jamais sans protestations. En face des scandales de la Régence ou des guerres fratricides se dressent les immolations volontaires, incarnées dans ces nobles et attrayantes figures qui se nomment les Belzunce, les Christophe de Beaumont, les Grignon de Montfort, les Ange d'Acri, les Paul de la Croix, les Alphonse de Liguori : lumières étincelantes qui éclairent ces heures de ténèbres ; victimes pures qui rachètent par leurs larmes les fautes de leurs frères.

Notre Bienheureux est un de ces pénitents héroïques, l'un des premiers dans l'ordre chronologique, non le moins célèbre ni le moins influent. Lui aussi, avec cette clairvoyance qu'ont tous les saints, il découvre les plaies qui rongent son pays : la révolte contre l'autorité en haut, l'ignorance religieuse en bas, la mollesse et la corruption partout. Il en sonde la profondeur, et il en est épouvanté ; épouvanté, mais non désespéré. Ne sait-il pas que Dieu a fait les nations guérissables et que l'Évangile porte en ses flancs la résurrection et la vie ? « *Euntes docete :* Allez, enseignez toutes les nations », a dit le Sauveur à ses disciples. « Donnez-moi douze hommes convaincus, donnez-moi douze apôtres, répète à son tour le miraculé de Port-Maurice, et je changerai la face de l'univers (1). »

Ce cri de son âme, tout en nous révélant l'intensité de sa foi, nous initie du même coup à la pensée dominante qui le pousse à introduire dans l'Italie occidentale l'usage des couvents de récollection. Il cherche douze apôtres, mais de vrais apôtres, pénétrés des besoins de leur temps non moins que de la sublimité de leur vocation. Il veut que ces apôtres pleurent avec lui entre le vestibule et l'autel, et qu'ils commencent par plaider devant le Seigneur justement irrité la cause de leurs frères coupables, avant d'aller leur porter la nouvelle des divins pardons. De là un surcroît d'austérités et de macérations dont il exposera lui-même, dans une supplique adressée à Clément XI, les motifs et l'opportunité. « Daigne Votre Sainteté, lui écrira-t-il, confirmer de son autorité les consti-

1. P. Raphaël de Rome, l. II, c. II, p. 271.

tutions de notre Solitude. Qu'elle considère que le monde s'écroule sous le poids de ses crimes et que l'honneur de Dieu, foulé aux pieds par la malice humaine, exige une réparation que lui fournira la pénitence volontaire des religieux (1). »

Ces quelques lignes, extraites d'un document officiel, contiennent tout le programme du Saint. Il ne reste plus qu'à le réaliser. Mais quand et comment ? Le fils de Casanova l'ignore encore. Seulement, il se tient prêt, et il attend l'heure de Dieu. Elle ne tardera pas à sonner.

En 1708, le Chapitre général de Rome ordonnait d'ériger un *ritiro* dans chaque province. Dans la même année, l'ancien lecteur de théologie de notre Bienheureux, le P. Thomas de Gênes, homme d'une piété éminente en même temps que d'une rare distinction d'esprit, était élu Provincial de Gênes. Le serviteur de Dieu pouvait-il rêver un concours de circonstances plus favorable ? Il s'empressa donc de soumettre ses vues au nouveau Provincial, qui, non content de les approuver comme étant conformes à l'esprit du Patriarche séraphique, lui octroya la liberté de choisir telle résidence qu'il lui plairait. L'intrépide ascète opta pour l'ermitage de Saint-Bernardin de Sienne, aux abords d'Albenga, et s'y transporta sans délai avec quelques-uns de ses confrères, désireux comme lui de marcher de plus près sur les traces du

1. Supplique au pape Clément XI, du 22 février 1716.— V. *Œuvres du Saint*, t. I, p. 419.

Patriarche séraphique. Il ne se doutait pas des obstacles de tout genre qui allaient contrecarrer ses plans (1).

A Albenga, il fut bien accueilli par la population ; et les exercices spirituels qu'il organisa pour les retraites, soit des séculiers, soit des lévites du sanctuaire, eurent un tel retentissement que Mgr Spinola ne pouvait s'empêcher de dire : « Vraiment, le *ritiro* d'Albenga est le joyau de mon diocèse (2). » Il ne le fut pas longtemps. Par suite des chaleurs excessives et de l'insalubrité du climat, tous les religieux de cette maison tombèrent malades, sauf leur supérieur. Celui-ci ne crut pas devoir exposer leur existence, et sur l'avis du Provincial, il envoya deux de ses religieux prendre possession du couvent de l'Annonciade, à Port-Maurice. Mais n'est-il pas écrit que « nul n'est prophète en son pays » ? Lorsque les deux délégués du Bienheureux se présentèrent, ils furent hués par la populace et ignominieusement chassés du couvent. Le Saint lui-même ne fut pas mieux accueilli ; on avait peur du réformateur ! On avait peur de ses réformes !

La déception était cruelle ; mais le fils de Casanova affectionnait trop sa patrie pour se venger autrement que par la prière et par le pardon. Il s'éloigna sans mot dire, résigné, adorant les impénétrables desseins de la Providence et attendant des jours meilleurs, avec

1. P. Raphaël de Rome, l. I, c. IV.
2. *Id.*, loc. cit.

cette confiance imperturbable qu'inspire le sentiment d'une mission providentielle. Dans l'intervalle, il ne demeura pas oisif. Du mois de janvier au mois de mai 1709, il s'employa à l'office de la prédication, dans les localités précédemment désignées par l'évêque d'Albenga, notamment à Ortovero et à Rezzo, « avec tant de succès, avec tant de profit, remarque son premier biographe, que son souvenir est encore aujourd'hui gravé dans le cœur de tous les habitants (1) ».

Sur ces entrefaites, écrit-il lui-même dans un mémoire dont le P. Salvator d'Orméa nous a transmis le texte (2), un Père Jésuite, dont nous avons déjà prononcé le nom, « le P. Baldigiani, adressait au grand-duc de Toscane, Cosme III, un rapport détaillé et très élogieux sur le bien immense qu'opéraient à Rome les Riformati du couvent de Saint-Bonaventure. Ce prince, comme s'il eût eu le pressentiment des merveilles de l'avenir, pria immédiatement le pape Clément XI de lui envoyer un essaim de ces religieux et d'en enrichir ses Etats. Il assigna aux nouveaux venus le couvent de San-Francesco del Monte, à Florence. L'érection canonique eut

1. P. Raphaël de Rome, l. I, c. iv. — Cf. *Summarium*, p. 67.

2. *Coup d'œil sur l'établissement des Riformati en Toscane*, éd. Labis, t. I, p. 401-416. — Ce mémoire, dont le P. Salvator avait le manuscrit original sous les yeux, est à la fois un compte rendu et un acte justificatif, où le Saint, obligé de se défendre contre ses contradicteurs, présente sous leur vrai jour l'origine et les difficultés de l'introduction de sa réforme à Florence.

lieu le 20 août 1709. Cosme III s'intéressait à
cette fondation ; il en avait fait son œuvre, et
il ne dédaignait pas d'encourager de sa présence
la communauté naissante, composée seulement
d'abord de cinq prêtres et de deux Frères lais (1).
A leur tête était le P. Pie de Sainte-Colombe,
l'ancien Supérieur de Saint-Bonaventure, « religieux intègre et prudent (2) », qui ne cessera
d'être l'auxiliaire et l'ami du pieux réformateur.

Le 8 septembre suivant, le serviteur de Dieu
recevait à son tour un pli de Rome lui annonçant
sa nouvelle destination, et quittait immédiatement le territoire génois pour se rendre
dans la capitale de la Toscane. Il était impatiemment attendu de tous, non seulement de la
petite communauté dont il était l'espérance,
dont il allait être l'âme, mais encore du prince
qui avait eu l'initiative de la fondation et avec
lequel, avant d'aller plus loin, il ne sera pas
inutile de lier plus intimement connaissance.

1. *Coup d'œil*, p. 401.
2. *Ibid.*, loc. cit.

CHAPITRE VIII

Cosme III est une des dernières figures de la galerie des Médicis, une des plus méconnues.

Son long règne fut assombri par des chagrins domestiques, qui étaient la conséquence d'un mariage mal assorti. Il avait épousé, en 1661, une cousine de Louis XIV, Marguerite-Louise d'Orléans, fille du turbulent Gaston d'Orléans : princesse élevée à la diable, ayant du penchant « pour ces opinions libertines contre lesquelles les prédicateurs du siècle eurent tant à lutter (1) » ; véritable détraquée qui causa tant de soucis au grand-duc, que désespérant de vaincre ce caractère indompté, il lui permit de retourner en France, à la condition qu'elle s'enfermerait dans un couvent. Elle lui avait donné trois enfants : Ferdinand, Anne-Marie-Louise et Jean-Gaston. Au moment où saint Léonard arrivait à Florence, tous les trois étaient mariés : Ferdinand, à Yolande de Bavière ; Anne-Marie-Louise, à l'Electeur palatin Jean-Guillaume de Neubourg ; et Jean-Gaston, à la princesse Anne-Marie de Saxe-Lauenbourg (2). En dépit de ces riches alliances et par suite de la rupture conjugale de Marguerite d'Orléans, la cour des

1. Rodocanachi, *Marguerite d'Orléans*, p. 88.
2. Tous les trois moururent sans laisser de postérité.

Médicis avait un aspect grave et sévère, dont on fait un reproche à Cosme III.

Au fait, les Encyclopédistes, et à leur suite plusieurs écrivains modernes, nous ont tracé de ce prince un portrait poussé au noir comme à plaisir : extérieur peu avenant, « caractère fantasque et vacillant (1) ; esprit soupçonneux, accablant ses sujets d'impôts, déployant un faste insensé et laissant dépérir l'agriculture (2) ». On l'accuse même « d'avoir persécuté *les savants* et favorisé *les moines* (3) ».

Disons-le tout d'abord, l'énoncé des deux derniers griefs sent le parti pris, et le parti pris n'est pas recevable en histoire, pas plus qu'en justice. Non, Cosme III n'a point persécuté les savants. A ses côtés, le cardinal Léopold Médicis favorisait les découvertes de la science et fondait l'académie du *Cimento*. La princesse Yolande s'éprenait, elle aussi, d'art et de littérature, passait plusieurs années à Rome (1723-1728), y établissait une académie dans son propre palais; et c'est grâce à elle que le poète Bernardino Perfetto obtenait d'être couronné, comme jadis Pétrarque, du laurier poétique (4). Ces faits n'annoncent point un ennemi des lettres.

1. Rodocanachi, *Marguerite d'Orléans*, p. 263. — L'auteur s'appuie sur l'*Istoria di Toscana* de Galluzzi; or, Galluzzi est tout imbu, au regard des derniers Médicis, des préjugés de l'Ecole philosophique du XVIII⁰ siècle.
2. Larousse, *Dictionnaire universel*, art. *Médicis*.
3. *Ibid.*, loc. cit.
4. V. Rodocanachi, *Marguerite d'Orléans*.

De plus, pour corriger le jugement des Encyclopédistes, nous avons les déclarations d'un contemporain certainement plus impartial et mieux informé qu'eux, d'un contemporain qui eut l'occasion d'approcher souvent le prince et de le connaître à fond, et qui n'est autre que notre Bienheureux, « Cosme III, affirme-t-il, fut un des souverains les plus éclairés et les plus équitables de son temps, également soucieux de l'honneur de Dieu et du relèvement moral des classes populaires (1). » Le grand-duc ne se bornait pas à demander pour lui-même aux pratiques d'une dévotion sincère les consolations dont il avait besoin dans ses épreuves ; il étendait ses sollicitudes à tout son peuple, surtout à cette classe si nombreuse et si intéressante des artisans de sa capitale. Il était de ceux qui estiment que le vice est le pire fléau des familles, que la religion seule peut combattre efficacement les sollicitations du plaisir qui dégrade, et que l'intégrale observation des préceptes du Décalogue est encore le plus sûr moyen de faire fleurir la paix et le bien-être général. Il conformait sa conduite à ces principes de gouvernement ; et sans avoir ni le génie législatif, ni les qualités héroïques de notre saint Louis, il savait du moins, comme lui, faire appel aux moines les plus austères, aux apôtres les plus zélés. C'est ce que ne lui pardonnèrent pas les philosophes du XVIIIe siècle.

1. *Coup d'œil*, p. 402.

En réalité, le grand-duc et le disciple de saint François poursuivaient le même idéal, la régénération sociale par l'Évangile ; et cette communauté de vues et d'efforts devait, dès la première entrevue, établir entre eux, malgré la distance des rangs, des sympathies qui allaient monter jusqu'à l'attachement le plus cordial. Cosme III tenait le sceptre depuis près de quarante années, lorsque les Riformati prirent possession du couvent del Monte ; il le conservera jusqu'en 1723, sans que le moindre nuage s'élève jamais entre eux et lui. Les difficultés ne manqueront pas ; mais elles viendront du dehors.

A peine, en effet, le bruit de l'arrivée du « réformateur » s'était-il répandu dans la cité florentine, qu'un nouvel orage éclatait contre lui, presqu'aussi violent qu'à Port-Maurice. Les préventions égarèrent les meilleurs esprits, et les princesses mêmes de la cour ne surent pas s'en garder (1). Par suite, on traitait les solitaires de San-Francesco del Monte à peu près de la même façon que les pestiférés et les lépreux. On les insultait dans les rues, on leur fermait la porte des maisons, on les diffamait. Le biographe contemporain qui nous livre tous ces détails, va nous révéler une des calomnies auxquelles il fait allusion.

La foule se rendait, à certains jours et notamment tous les vendredis de Carême, au

1. P. Raphaël de Rome, l. I, c. v. — Cf. *Summarium*, p. 89.

couvent del Monte, pour assister au chemin de la croix : une foule un peu houleuse ! On mangeait, on buvait entre les stations, et les femmes légères, voire même les courtisanes, s'y donnaient rendez-vous. Les abus tournaient au scandale ; le Saint voulut les réprimer. On l'accusa de vouloir abolir le chemin de croix lui-même ! Ce fut presque une sédition dans la grande cité. Troublé par la rumeur publique, le grand-duc monta en personne à la solitude des Riformati, et il acquit sans peine la certitude que toutes ces imputations n'étaient que des mensonges inventés par les adversaires du Bienheureux. Sur le conseil de ce dernier, et pour protéger la liberté des fidèles, il prit certaines mesures d'ordre public et d'assainissement qu'on ne saurait sans injustice reprocher au souverain ni à son conseiller (1). L'éloquence de l'apôtre fit le reste ; on accourut pour l'entendre, et libre dans ses allures, il sut imprimer à l'exercice du chemin de la croix un caractère de piété compatissante et attendrie dont le trait suivant nous donnera une idée.

L'évêque de Fiésole, Mgr Panciatici, était un chaud partisan de cette dévotion en même temps qu'un grand admirateur du Bienheureux. Souvent il montait tout exprès au couvent del Monte pour assister à l'exercice public du vendredi, parcourait, pieds nus, une croix sur

1. P. Raphaël de Rome, l. I, c. v. — Cf. *Summarium*, p. 89.

les épaules, les quatorze stations de la voie
douloureuse, puis dînait à genoux avec les religieux et se contentait, comme eux, d'un peu de
pain et d'eau, s'estimant amplement dédom-
magé de ces privations par les jouissances
spirituelles qu'il avait goûtées auprès du serviteur de Dieu (1).

Les princesses de la cour subirent également
le charme étrange de sa physionomie. Revenues
des antipathies de la première heure, elles se
rallièrent sincèrement au privilégié de la Madone, et celui-ci ne comptera pas désormais de
protectrices plus constantes ni de défenseurs
plus dévoués (2). Ses adversaires perdaient
donc du terrain; mais ils ne désarmèrent pas
immédiatement: ce qui ne surprendra que ceux
qui ignorent tout ce qu'il y a de colère dans
l'orgueil confondu, et d'âpreté dans les intérêts
soi-disant lésés.

Il nous tarde d'apprendre quelle était, au
milieu de ces troubles, l'attitude du pieux réformateur. Au témoignage des contemporains, les
railleries et les hostilités ne lui enlevaient rien
de son calme, ni de son sang-froid. Non qu'il
y fût insensible ! Mais, comme tous les saints,
il puisait dans ses colloques familiers avec le
Dieu de l'Eucharistie le courage et les lumières
dont il avait besoin. Ne faut-il pas que le chêne
soit secoué par les vents et les rafales, pour
que ses racines plongent plus avant dans le sol

1. P. Raphaël, l. I, c. xi.
2. *Ibid.*, c. v. — Cf. *Summarium*, p. 89.

et que ses rameaux étendent plus loin leur abri protecteur? « La contradiction, déclare le réformateur lui-même, la contradiction n'est-elle pas le cachet des œuvres de Dieu à leur berceau (1)? » Et ne sert-elle pas à les affermir, à les consolider? Le Bienheureux le savait; et voilà pourquoi, même au plus fort de la tempête, son cœur chantait le *sursum corda*.

Ses compagnons ne se montraient pas moins admirables de patience, de résignation et de dévouement. Ils priaient jour et nuit pour leurs antagonistes, bénissaient la Providence de leur avoir fourni cette occasion d'acquérir des mérites pour le ciel, et s'efforçaient de tout leur pouvoir de rendre service à la population, « instruisant les fidèles, courant au chevet des moribonds, accueillant les pécheurs avec une tendresse toute paternelle, sans jamais réclamer d'autre rétribution que celle qui vient d'en haut (2) ».

Le spectacle d'un désintéressement si parfait et d'une pareille abnégation ne devait-il pas tôt ou tard dessiller les yeux des habitants? C'est, en effet, ce qui eut lieu; et le réformateur le constate lui-même d'un ton ému, dans le rapport confidentiel que nous avons déjà cité. « Il y eut, déclare-t-il, un revirement dans l'opinion. Florence, la cité la plus religieuse et la plus docile qu'il y ait en Italie (je suis heureux de lui rendre ce témoignage), Florence ouvrit les yeux. Bientôt

1. *Coup d'œil*, p. 402.
2. P. Raphaël de Rome, l. I, c. v.

les sympathies générales nous furent acquises ; nos ennemis les plus acharnés devinrent nos défenseurs, et notre culte pour la pauvreté séraphique trouva sa récompense, selon la promesse de saint François, dans l'inépuisable charité des habitants (1). »

Hâtons-nous de compléter les réflexions de l'humble Franciscain, en ajoutant que la chaude éloquence de sa parole, la sagesse de ses conseils et son dévouement inlassable aux déshérités de la vie, même au plus fort de la tourmente, ne contribuèrent pas peu à ce mouvement de réaction ; car c'était sa personne qui était le plus en jeu. C'est lui que consultait Cosme III, tantôt pour ses intérêts privés, tantôt pour le gouvernement de ses États ; c'est à lui que les princesses de la cour confiaient la direction de leurs consciences ; c'est lui que réclamèrent bientôt tous ces blessés de la bataille humaine, esprits dévoyés ou cœurs déchus, qui ont besoin d'espérance autant que de pardon (2).

C'est donc grâce à son zèle que la cause de la réforme triomphait au dehors, devant l'opinion. C'est également par son affabilité, mêlée d'une fermeté persévérante, qu'il parvint à apaiser les dissensions du dedans, l'hostilité de quelques-uns de ses Frères qui se montraient réfractaires

---

1. *Coup d'œil*, etc., t. I, p. 402. — « Si mes frères observent fidèlement leur Règle, avait dit saint François d'Assise, quand même il n'y aurait plus qu'un seul pain dans le monde, la moitié serait pour eux. »

2. P. Raphaël de Rome, l. I, c. v.

aux rigueurs d'une discipline inaccoutumée. Si
pénible que soit toujours ce genre d'opposition
— et il avouera plus tard au Fr. Diégo « que
son cœur en fut plus d'une fois meurtri (1) » —
il ne se déconcerta point. Le ritiro convenait-il
à d'autres qu'aux âmes éprises d'idéal et désireuses d'aimer davantage ? Et un pareil idéal
n'exigeait-il pas un attrait spécial, une vocation
de choix ? Le Bienheureux le crut ; il supporta
patiemment cette nouvelle épreuve, et attendit
de l'action de la grâce les hommes de bonne
volonté, les auxiliaires capables de le seconder
dans sa gigantesque entreprise. Il fit mieux
encore : il conquit les suffrages de ses confrères,
même de ceux qui ne partageaient pas ses vues.
Le spectacle de ses austérités les avaient
effrayés ; sa douceur et son humilité captivèrent
leur affection ; son exemple les entraîna, par
une ascension progressive, jusqu'aux lumineux
sommets de la perfection séraphique.

Les événements, du reste, lui viennent en
aide et s'acheminent peu à peu vers la complète
réalisation de ses desseins. En 1712, on lui
offre, aux portes de Prato, le couvent de San-
Francesco del Palco, qu'il érige aussitôt en
maison de noviciat (2). En 1715, les supérieurs
de la Province lui confient le gouvernement du
couvent del Monte, avec pleins pouvoirs pour

1. *Summarium,* p. 93.
2. D'après le P. Raphaël de Rome (l. I, c. v) et le
Fr. Diégo (*Summarium,* p. 89), le mérite de la concession
de Prato revient à Cosme III.

asseoir sa réforme et l'intime persuasion que
ses vertus et ses incontestables qualités assu-
reront la prospérité de cette résidence (1). Ils ne
seront point déçus dans leurs espérances.

Le premier soin du nouveau Gardien fut de
consulter ses religieux, au sujet des statuts
spéciaux du Vénérable Bonaventure de Barcelone. Tous adoptèrent à l'unanimité les constitutions proposées ; et sans plus de délai, le
Bienheureux courut à Rome, défendit vigou-
reusement la cause de la réforme contre les
attaques dont elle était l'objet en haut lieu, et
déposa entre les mains de Clément XI et du
Général de l'Ordre un exemplaire des Constitutions et du Cérémonial des Bonaventurins. Ses
démarches fûrent couronnées de succès près de
la cour romaine, et le 15 novembre 1716, il recevait du cardinal Paolucci, alors secrétaire
d'État, la lettre suivante.

« Sa Sainteté, apprenant que vous avez fondé
au couvent del Monte une maison de récollection, pour que les religieux puissent se perfec-
tionner dans la vie régulière, par des exercices
spirituels d'une plus grande rigueur, s'en est
grandement réjouie et en a été fort édifiée ; et
après avoir loué la piété et le zèle des auteurs
d'une institution si salutaire, elle m'a chargé de
vous exprimer toute sa satisfaction et de vous
dire qu'en vertu de la présente missive, et avec
une bienveillance toute paternelle, elle accorde

1. *Summarium*, p. 89-90.

la bénédiction apostolique à tous les religieux
qui se montreront fidèles aux observances plus
rigoureuses de cette maison de récollection (1). »

On devine avec quel respect le Gardien del
Monte reçut le diplôme pontifical, comment il le
baigna de ses larmes, et avec quels sentiments
de joie ses religieux en écoutèrent la lecture. Il
y voyait, et avec raison, le couronnement de
ses efforts, la sanction du passé, le gage
assuré des bénédictions célestes pour l'avenir.
Grâce à la bienveillance des papes, en effet,
grâce plus encore à la protection de la Reine des
anges, le rejeton que le Vénérable Bonaventure
de Barcelone avait greffé sur l'arbre séraphique,
s'emplissait d'une sève plus vigoureuse et s'or-
nait de ces fruits d'or qui s'appellent les saints :
Léonard de Port-Maurice, le héros de ce volume, et le vénérable Jean-Baptiste du Tron-
chay (2), qui sont, avec le fondateur, l'honneur
et la gloire de cette branche de l'Ordre séraphique.

Nous verrons plus loin quelle rénovation
sociale la réforme des Bonaventurins opérera
dans toute l'Italie par l'entremise de notre
Bienheureux; mais examinons d'abord son
action moralisatrice sur un théâtre plus restreint, à Florence, aux origines de son établissement dans cette ville. Nous aurons, pour nous
guider dans cette étude, un témoin dont on ne

1. P. Raphaël de Rome, l. I, c. vi.
2. Né près de Nozeroy, en Franche-Comté. — Voir *l'Auréole séraphique*, t. I, p. 158.

saurait contester la compétence et la sincérité ; c'est l'insigne propagateur et la colonne de cette congrégation, c'est notre Saint lui-même. Voici, en effet, le tableau suggestif qu'il a tracé de ces commencements, dans la première partie de son rapport confidentiel.

« On ne saurait dire tout le bien qu'a produit l'Institut réformé del Monte, principalement aux alentours du couvent et dans la banlieue de la ville. On remarque aujourd'hui un grand recueillement dans les églises ; et l'on constate que la religion a repris son empire au foyer domestique. Une foule d'abus criants, tels que bals et divertissements dangereux, ont disparu, si bien qu'une dame étrangère, voulant donner une de ces soirées mondaines dans un des villages environnants, a dû y renoncer, sans même avoir pu réunir deux jeunes filles, malgré les appels lancés à la jeunesse dans trois localités différentes. D'autre part, grâce à l'habile direction des religieux, les âmes d'élite marchent à grands pas dans les voies de la perfection chrétienne. Ce sont là de ces bénédictions que Dieu a coutume de répandre sur tous les couvents de retraite, témoin les terres de la Sabine, où le Frère Bonaventure de Barcelone inaugura ce genre de vie. Il réussit à merveille, et l'on sait par quels moyens. De fervents missionnaires étaient chargés d'évangéliser les populations avoisinantes, pendant qu'il remettait en pleine vigueur les prescriptions de la Règle séraphique. De la sorte, il parvint à se concilier toutes

les sympathies, tandis que ses religieux, par
leurs prédications, gagnaient les âmes à Dieu et
opéraient une réforme sérieuse dans les mœurs.
Les solitaires du couvent del Monte ont ponctuellement suivi la même méthode; et tels sont
les fruits qu'ils ont recueillis de leurs travaux
qu'il faudrait tout un volume pour enregistrer
en détail les faits les plus marquants, faits de
tous genres, pécheurs convertis, sommes considérables restituées, haines apaisées et familles
publiquement réconciliées (1). »

Le Bienheureux avait semé dans les larmes;
il récoltait maintenant dans la joie, et son regard
consolé apercevait au loin les moissons blan-
chissantes qui sollicitaient la main de l'ouvrier.
Cependant, comme saint François d'Assise,
comme saint Antoine de Padoue, ses devanciers et ses modèles, au milieu de ses premiers
succès et en face de tant d'espérances, il éprou-
vait un irrésistible besoin de s'isoler quelques
instants du commerce des hommes. Il avait
faim et soif de Dieu. Un gentilhomme de Florence, informé de ses désirs, mit à sa disposition
un ermitage dédié à Notre-Dame de l'Incontro
(ou de Bonencontre).

Cheminons avec le Saint, demandons-lui de
nous expliquer sa pensée, et alors l'ermitage qui
aura désormais toutes ses prédilections, ne
sera peut-être pas non plus sans charmes pour
nous.

1. *Coup d'œil*, p. 404.

CHAPITRE IX

LA SOLITUDE DE L'INCONTRO (1715-1717)

Parmi les collines qui entourent d'ombre et
de paix la capitale de la Toscane, il en est une
qui depuis longtemps est plus chère à la famille
franciscaine. C'est un mamelon isolé, un vrai
désert aux portes de Florence (à six milles environ), mais un de ces déserts « pleins de mystères » qui calment les sens et reposent l'imagination, parce qu'ils ne leur présentent que ce qui
apaise : les œuvres du Créateur, la belle nature,
une forêt, des rochers, des arbres, avec la riante
et fertile vallée de l'Arno pour horizon. « Il
avait été sanctifié au xiiie siècle par la présence et les prières du bienheureux Gérard de
Villamagna, affilié, l'un des premiers, au Tiers-
Ordre de Saint-François (1) » ; et l'ermitage
qu'il y avait bâti subsistait encore en 1715.
Autant d'attraits pour le vénéré Supérieur des
Riformati de Florence ! Et l'on devine dès lors
avec quel empressement, avec quelle reconnaissance il accepta une donation qui cadrait si
bien avec ses goûts et qui lui permettait de
bâtir sur ces hauteurs, non un couvent ordinaire, mais une maison de retraite où il leur
serait loisible, à lui et aux siens, de venir de

1. *Coup d'œil* (relation du Saint), p. 407.

temps à autre travailler, loin des fracas d'une grande ville, à consolider en eux-mêmes la domination de l'esprit sur la chair et la liberté du bien.

Cette fois, tout lui réussit à souhait. Le 28 novembre 1715, les religieux des deux couvents de Florence et de Prato, consultés, adoptaient à l'unanimité, et au scrutin secret, l'innovation et le règlement de vie qu'il leur proposait. L'archevêque de Florence, Mgr Thomas-Bonaventure Gherardesca, lui promettait son concours; les congrégations romaines, sentant que l'esprit de Dieu était là, se montraient favorables; Clément IX signait le décret d'érection, et moins de trois ans après les premières démarches, le serviteur de Dieu entonnait solennellement le *Te Deum* en actions de grâces, ainsi qu'il nous l'apprend lui-même dans une lettre adressée au Souverain Pontife et datée du 22 février 1716. Il y déclare que « le souvenir d'une faveur si exceptionnelle restera à jamais gravé dans son cœur et dans celui de ses Frères (1) ».

Rome avait parlé; le pieux réformateur avait hâte d'agir. La prise de possession de l'Incontro fut fixée au 25 mars 1716, jour que nous supposons choisi à dessein par le fondateur, en raison de la fête de l'Annonciation. « Ce jour-là, écrit-il, longtemps avant l'aube, tous les religieux du couvent étaient debout, tous rayonnants d'allégresse à la pensée qu'il leur serait permis de mener une vie plus dégagée des choses de la

1. Lettre à Clément XI. *Œuvres complètes*, t. I, p. 419.

terre. Rien ne les arrêta, ni la longueur du chemin, ni la neige qui couvrait les sentiers de la colline. Tous, pieds nus, marchèrent sur la neige comme sur un gazon fleuri, au chant des psaumes et des cantiques. Ils prirent possession de ces lieux par la prière, et le sacrifice de la messe fut offert sur ces hauteurs, dans l'oratoire de Notre-Dame de l'Incontro (1). »

Huit jours après, le 2 avril 1716, le Bienheureux posait la première pierre de l'édicule. Le 23 mai de l'année suivante, grâce à l'abondance des aumônes « recueillies par un pieux gentilhomme qui a bien mérité de l'Institut (2) », les constructions étaient achevées, et le Père Gardien des Riformati de Florence inaugurait, avec quelques-uns de ses sujets, le genre de vie auquel il aspirait.

C'était bien l'ermitage qu'il avait rêvé. Douze cellules, huit pour les religieux, quatre pour les étrangers, toutes d'une extrême exiguïté; des murs frustes et nus, d'étroites fenêtres, des portes si basses qu'il fallait se courber pour entrer; pour ornements, quelques images, une tête de mort, deux ou trois livres de spiritualité : tout y rappelait les *Carceri* de saint François d'Assise ou *le Pedroso* de saint Pierre d'Alcantara. Même aspect sauvage dans la nature; mêmes observances aussi, et même esprit de pénitence chez les solitaires : coucher sur la

1. *Coup d'œil*, p. 408.
2. Saint Léonard ne le désigne pas autrement (*ibid.*, loc. cit.).

dure, lever à minuit pour le chant des Matines, neuf heures de prières vocales ou d'oraison par jour. L'abstinence était perpétuelle, le poisson proscrit aussi bien que la viande ; même le laitage et les œufs ne paraissaient sur la table qu'aux grandes solennités : Noël, Pâques, la Pentecôte, et la fête de saint François. La clôture était strictement observée, le silence également, sauf le dimanche et le jeudi, où l'on faisait en commun une lecture spirituelle, suivie d'un moment de libre expansion. « Chacun manifestait alors avec candeur et simplicité les grâces dont il avait été favorisé, et les cœurs se communiquaient ainsi une flamme nouvelle, semblables à des charbons ardents que l'on met en contact (1). »

Il est difficile d'imaginer une discipline plus austère ; mais fut-elle assez féconde en résultats pour retenir ainsi notre attention ? Les philosophes du xviii* siècle, habitués à ne juger des choses que d'après le retentissement qu'elles ont dans le monde, haussaient les épaules et disaient : « C'est une folie ! » Ils parlaient en hommes qui nient la Providence. Le Très-Haut se sert fréquemment des plus petites causes pour produire les plus grands effets. C'est d'une chapelle rustique, la Portioncule, qu'est sorti avec le Poverello le salut du xiii* siècle ; c'est d'un sanctuaire ignoré, Notre-Dame de Bermont, qu'est partie la libératrice de la France,

1. *Coup d'œil*, p. 412

Jeanne d'Arc. C'est également de Notre-Dame de l'Incontro que jailliront les flots de grâce et de miséricorde que saint Léonard répandra sur toute l'Italie.

Les vrais sages de l'époque avaient eu le pressentiment de ce mystère. « Je confirme d'esprit et de cœur le règlement de l'Incontro, et y joins la bénédiction de Dieu et de saint François », avait déclaré le vice-commissaire général de l'Ordre, le P. Jacques de Verruchio, dans sa lettre d'approbation. « C'est l'idéal du Frère-Mineur », s'était écrié Clément XI, à la lecture de ces pages. Et le fondateur n'avait-il pas écrit lui-même en tête de son travail : « La solitude de l'Incontro a été instituée pour nous rapprocher davantage de saint François et de ses premiers compagnons. C'est de là que dépend, en grande partie, le maintien de l'Institut dans sa ferveur primitive. Et en effet, les religieux qui auront séjourné là quelque temps, dans le silence, la prière et une totale séparation d'avec le monde, en sortiront transfigurés. De retour dans leurs résidences respectives, ils en seront la lumière et l'édification; et par cette alternative de retraite et de prédication, par cet heureux mélange de vie active et de vie contemplative, ils acquerront plus facilement cette haute perfection dont Notre-Seigneur est l'archétype et l'exemplaire (1). »

Ces voyants d'Israël ne s'étaient point trom-

____

1. P. Raphaël de Rome, l. I, c. VI.

pés; l'ermitage de l'Incontro enfantait des prodiges. Les Riformati de Florence s'y succédant à tour de rôle, s'y renouvelaient dans le sentiment de leur vocation, et en revenaient enflammés d'un nouveau zèle. Bientôt il ne fut plus question, dans toute la contrée, que de la nouvelle Thébaïde. Les visiteurs affluèrent, prélats, nonces, gentilshommes, Cosme III lui-même et les princesses de la cour; et ce qui vaut mieux encore, les pécheurs accoururent déposer aux pieds des solitaires le fardeau de leurs troubles de conscience ou de leurs remords, et « tous s'en retournèrent édifiés et réconfortés, louant Dieu à haute voix d'avoir fait refleurir sous leurs yeux la ferveur des temps héroïques de l'Ordre (1) ».

Sous la poussée du printemps, une sève généreuse monte dans les arbres et s'épanouit en fleurs et en fruits. Ainsi, sous la poussée de la grâce, la sève de l'Évangile coulait plus abondante dans les veines des fidèles, non moins que dans celles des religieux. Il y avait comme un renouveau de vie chrétienne en Toscane, et cette riche effloraison de vertus était l'œuvre du Gardien des Riformati de Florence, quoiqu'il abritât toutes ses entreprises, par humilité, derrière le nom et l'autorité du Vénérable Fr. Bonaventure de Barcelone (2). Ou plutôt, c'était l'œuvre de Dieu, qui approuvait à sa manière, par de soudaines apparitions, par des bienfaits si

1. *Coup d'œil*, p. 415.
2. *Ibid.*, loc. cit.

gnalés, les saintes audaces de son fidèle serviteur. Le Bienheureux a lui-même inséré dans
son rapport une de ces interventions surnaturelles. Nous allons reproduire cet épisode
d'après ses propres données, assurés que nous
sommes, par la sincérité du narrateur, du côté
surnaturel du fait aussi bien que de l'exactitude
des moindres détails.

C'était le 22 décembre 1718. Un moine Augustin faisait sa retraite à l'Incontro. Le Supérieur,
qui n'était autre que le fondateur lui-même, fut
averti par le portier que la provision de pain
qu'on avait coutume d'apporter, manquait pour
le dîner; il ne restait que les bribes de la veille,
presque rien! Il en fut peiné, surtout à cause de
la présence de l'étranger. Sans rien dire, il leva
ses regards vers Celui qui nourrit les oiseaux
du ciel, et continua la récitation de l'office divin.
Cependant le dîner sonne; on se rend au réfec-
toire, et le serviteur de Dieu bénit la table. Au
même instant, un inconnu frappe à la porte et
dépose sur le seuil une corbeille contenant
autant de pains qu'il y a de retraitants, et d'autres vivres encore. « Quel est le bienfaiteur qui
nous envoie cette riche provision? demande le
portier. — Contentez-vous de jouir de cette
aumône et de remercier Dieu », réplique l'inconnu. Et il disparaît, sans qu'on l'ait jamais
revu depuis (1).

Cinq siècles auparavant, dans une circons-

1. *Coup d'œil*, p. 413. — *Cf. Summarium*, p. 510.

tance analogue, les pains s'étaient multipliés à la Portioncule, sous la main bénissante du Patriarche d'Assise. Les desseins de la Providence, dans le prodige de l'Incontro, n'étaient pas moins manifestes, et les heureux retraitants de la solitude n'eurent pas de peine à en saisir la divine portée. Le Très-Haut voulait par là ajouter un rayon de gloire au front de son fidèle serviteur, le signaler à la vénération des peuples, et du même coup apposer sa signature au bas des constitutions et règlements de l'austère réformateur.

L'Incontro avait donc reçu la visite des anges; il avait été quelques secondes le vestibule du ciel. On conçoit qu'après de pareilles faveurs, le fils de Dominique Casanova se soit attaché d'une manière toute particulière à ces lieux. Pour les indifférents, c'est un rocher stérile; pour lui, c'est une colline privilégiée, une colline que le Créateur a ornée des charmes invisibles de sa splendeur, une colline d'où les eaux vives de la grâce ont jailli à flots pour purifier son âme, une solitude qui a sa place dans les destinées de l'Institut. C'est la solitude par excellence, et il ne l'appellera pas autrement. Dans sa correspondance, il chante les délices de ce séjour; il en préconise les bienfaits. « Cette solitude, écrit-il, est pour moi un petit paradis sur terre. Ici, l'on voit jusqu'à l'évidence que tout ce qui n'est pas éternel n'est rien : *Quod æternum non est nihil est.* Ici l'on découvre clairement la folie des mondains qui placent le

bonheur là où il ne saurait être, puisqu'il n'y
a de félicité vraie qu'à aimer et servir Dieu. Ici,
l'âme unie à Dieu dans l'oraison goûte combien
est doux l'amour du Seigneur Jésus (1). »

L'*Incontro* est donc à la fois pour lui un lieu
de délices et un lieu sacré. Il y reviendra, autant
que possible, deux fois par an, non sans
adresser à ses frères un de ces mots typiques
qui sont toute une révélation : « Je m'en vais
au noviciat du Paradis. » Ou bien encore :
« Jusqu'ici j'ai prêché les autres. A présent, je
vais prêcher le Fr. Léonard (2). » Et il le prê-
chera fortement.

C'est là qu'il écrit, en 1717, ses *Résolutions,*
sorte de directoire qu'il portera jour et nuit
dans un pli de sa robe et que consulteront toujours avec fruit les prêtres, séculiers ou régu-
liers, voués au ministère de la prédication et
vraiment soucieux de travailler à l'amendement
de l'homme intérieur. — C'est là qu'il les renou-
vellera solennellement, en 1735 et en 1745. — C'est
de là enfin, comme d'un nouveau cénacle, qu'il
s'élancera à la conquête du monde (3).

Le privilégié de la Madone, le pénitent, le
réformateur, brillent en lui d'un éclat qui nous

1. Lettre à Hélène Colonna, du 1er août 1734.
2. *Summarium,* p. 92.
3. P. Raphaël de Rome, l. I, c. VII. — Les *Résolutions*
sont imprimées à la fin des Œuvres du Saint, t. VIII,
p. 495-562. Elles indiquent ce qu'il se proposait de faire
chaque jour, chaque semaine, chaque mois, chaque
année, en tout temps, et portent l'approbation de sept
de ses confesseurs.

a captivés et peut-être trop longtemps retenus.
Ne le regrettons pas cependant ; car la connaissance de ces aspects secondaires va nous aider
à mieux saisir le trait saillant de sa belle physionomie : l'apostolat.

CHAPITRE X

« Le bienheureux Léonard de Port-Maurice est le grand missionnaire de notre siècle. » Tel est le jugement porté sur notre héros par un de ses contemporains, Alphonse de Liguori, grand missionnaire lui aussi, grand saint, fondateur des Rédemptoristes, docteur de l'Église, qui ne dédaignera pas de lui emprunter ses maximes et sa méthode (1). Personne ne sera tenté de contredire à un éloge parti d'une bouche si autorisée et appuyé sur tant de faits qui le justifient.

Nous avons assisté aux débuts apostoliques du miraculé de la Madone, dans sa propre patrie, aux environs de Port-Maurice. Ce sont ses premières armes, et les coups donnés à l'ennemi n'ont pas été sans gloire. Toutefois, on ne saurait y voir autre chose que des essais, des efforts isolés, sans vues d'ensemble ni plan déterminé. C'est en 1712 seulement que le rayon divin tombe sur lui et qu'une force irrésistible le pousse à une action plus vaste.

Il était à Florence et venait de prêcher, à la requête de Cosme III, deux octaves de suite, l'une à Saint-Laurent, l'autre à Sainte-Félicité,

1. R. P. Berthe, *Saint Alphonse de Liguori.*

que la cour aussi bien que le peuple avait sui-
vies avec un véritable enthousiasme. Au lendemain de ces fêtes, le grand-duc, émerveillé du
succès, l'entretint à part et lui dit : « Père Léonard, je veux que vous fassiez des missions
dans toute la Toscane. Ne craignez rien pour
votre subsistance et celle de vos compagnons ;
je m'en chargerai. » Le Franciscain accepta
l'offre des missions, mais refusa les secours
proposés. « Prince, ajouta-t-il pour expliquer son
refus, j'ai un maître plus riche que Votre Altesse et qui ne m'a laissé manquer de rien
jusqu'ici. Il saura bien encore, j'espère, pourvoir à mes besoins dans l'avenir. — Et quel est
ce bienfaiteur? — C'est Dieu, Dieu à la gloire
de qui je travaille et qui me nourrira (1). »
Réponse vraiment digne d'un homme apostolique! Le Poverello lui-même n'eût pas mieux
répondu.

Arracher tout un peuple aux soins absorbants
de chaque jour et le mettre en face de ses destinées immortelles! Certes, l'idée ne manque ni
de hardiesse ni de grandeur! N'oublions pas
que l'initiative de cette entreprise est due à ce
Médicis si maltraité par l'Ecole philosophique;
n'oublions pas que c'est lui qui le premier a jeté
les yeux sur l'humble fils de saint François. Le
seul fait de ce choix suffirait à prouver qu'il se
connaissait en hommes ; ce qui n'est pas un médiocre mérite chez un souverain.

1. P. Raphaël de Rome, l. I, c. v.

Sans plus de délai, le Bienheureux organise
« une campagne contre l'enfer (ce sont ses propres expressions), et il ne déposera les armes
que devant la mort (1) ».

Pendant vingt années consécutives, il se fera
en Toscane le champion des droits de Dieu, toujours sur la brèche, toujours face à l'ennemi ; et
l'ennemi, c'est le mal sous toutes ses formes,
l'orgueil qui se révolte, les passions qui dégradent, l'ingratitude qui oublie. Il l'attaquera ville
par ville, village par village, le délogera de toutes ses positions et replantera partout le drapeau de la croix. Après avoir régénéré la Toscane, il portera la lutte sur un autre théâtre ; et
pendant vingt autres années, il parcourra les
États romains, la république de Gênes, la Corse
et les îles de la Méditerranée. La guerre se pro-
longera ainsi pendant près de quarante années,
guerre sans relâche et sans merci, où chaque
jour aura son combat, où chaque bataille sera
une victoire, et chaque victoire un bienfait. On
ne saurait se faire une idée de ces travaux gigantesques, qui font penser aux François-Xa-
vier, aux Vincent Ferrier, aux Antoine de Padoue, à tous ces envoyés de Dieu devant lesquels
la terre s'est tue.

Tout missionnaire est un conquérant, et à ce
titre, il doit posséder certaines qualités personnelles, réunir une armée, avoir un drapeau et
une devise en harmonie avec le but qu'il veut

1. *Summarium,* p. 146.

atteindre. Appliquons ces principes au grand missionnaire du xviii⁰ siècle.

Il a la trempe d'un chef de mission : la science qui éclaire, la bonté qui attire, l'éloquence qui entraîne. Ajoutons-y un air grave et modeste, une voix claire et sonore, puis cette exquise sensibilité, ce talent inné de diplomatie, cette fécondité de ressources, qui caractérisent le génie italien, et nous aurons les grandes lignes de son portrait, tel que nous l'a dessiné son inséparable compagnon, le Fr. Diégo de Florence (1).

Ses collaborateurs sont tous du même Ordre que lui, tous imprégnés de l'esprit de saint François, tous assujettis à un Règlement qu'il leur trace avant de partir. Règlement d'une sévérité qui n'a d'égale que la sagesse de ses clauses. Ouvrons-le avec respect : c'est l'œuvre d'un saint. Méditons-en les prescriptions, et nous ne tarderons pas à reconnaître que ces quelques pages renferment un chef-d'œuvre de tactique pour l'évangélisation des masses. « Le ministère de la prédication, y lisons-nous, est le plus auguste, le plus héroïque qu'il y ait dans l'Eglise, mais aussi le plus exposé aux écueils du chemin. — Celui qui s'y voue doit s'y donner tout entier et apporter un esprit uniquement soucieux de la gloire de Dieu, un cœur détaché des choses terrestres,une volonté affermie dans le bien. — Si vous n'êtes pas prêt à sacrifier

1. *Summarium*, p. 377.

cent mille vies plutôt que commettre de propos
délibéré un seul péché véniel, ajoute le Saint,
n'ayez pas l'audace de vous ingérer dans des
fonctions où votre âme ne trouverait que périls
et préjudice (1). »

En raison même de l'excellence de la vocation
apostolique, il recommande une extrême prudence dans les relations avec le prochain. Jamais de visites à personne, hormis les autorités
locales et les malades ; jamais de repas au dehors.
Un Frère lai est chargé de l'entretien des missionnaires, qui vivent d'aumônes et s'abandonnent aux soins de la Providence. Du reste,
ils vivent de si peu ! Ils observent en tout
lieu le régime plus que frugal du couvent :
du pain, des légumes et des fruits ! Ainsi en
sera-t-il jusqu'à l'avènement de Benoît XIV,
qui, voyant les compagnons du Bienheureux
tomber sur le sillon les uns après les autres,
obligera leur chef à modérer les austérités du
Règlement (1740).

Dans la pensée du zélé missionnaire, la mortification des sens a un double but : attirer la
grâce de Dieu sur ses travaux, et procurer
l'édification des peuples. Il s'inspire tout d'abord
du conseil si précis que le fondateur, saint
François d'Assise, adressait à ses premiers
compagnons : « Le Seigneur veut que nous
allions par le monde et que, *prêchant plus encore d'exemple que de parole*, nous exhortions

1. V. *Règlement de mission, Œuvres complètes*, t. V,
p. 3-34.

les hommes à faire pénitence (1). » Il invoque ensuite l'autorité du Patriarche des Frères-Prêcheurs, dont il rappelle l'exemple héroïque. Accusé par les hérétiques de faire bonne chère et s'apercevant que la calomnie avait prise sur les populations du Languedoc, saint Dominique imagina d'aller loger pendant le Carême chez quelques dames affiliées à la secte, et se condamna à jeûner au pain et à l'eau. Ce fut la plus efficace des prédications ; tous les hérétiques du pays rentrèrent dans le bercail de l'unité catholique. « Les gens du monde font plus attention au point qui nous occupe qu'à tout le reste, ajoute notre Bienheureux, et le spectacle d'une vie sainte et mortifiée les impressionne plus vivement que la vue même d'un miracle (2). »

L'arme du prédicateur sera toujours le glaive de la parole divine, ce glaive à deux tranchants qui blesse et guérit, atteint la conscience jusqu'à ses dernières profondeurs et ne s'émousse jamais. Mais les passions se regimbent contre ses coups, et il est intéressant de voir de quelles lignes de circonvallation le Bienheureux entoure cette place forte qu'est le cœur humain, pour s'en emparer et la restituer à son maître légitime, qui est Dieu. Parmi ces moyens d'approche qu'énumère le Frère Diégo de Florence (3), nous distinguons notamment : l'institution des *Pacificateurs*, chargeant les notables

1. « Plus exemplo quam Verbo. » (*Tres socii*, c. x.)
2. *Règlement de mission*, t. V, p. 21.
3. *Summarium*, p. 165.

du pays de travailler à l'extinction des haines, si tenaces en Italie ; — *le glas des pécheurs* jetant ses notes lugubres à la tombée de la nuit et conviant les fidèles à prier à deux genoux pour la conversion des récalcitrants ; puis les processions de pénitence, les pèlerinages, le saint Rosaire, quelquefois le *château du diable* ou l'autodafé des livres impies et des romans obscènes ; enfin la dévotion au *saint Nom de Jésus*, à la *Vierge immaculée* et le *chemin de la Croix*. Ces trois derniers moyens méritent une mention spéciale, en raison du prix qu'y attache le serviteur de Dieu.

Disciple de saint Bernardin de Sienne et de saint Jean de Capistran, il inculquera, partout où il passera, le respect et la vénération dus au saint Nom de Jésus ; non plus au point de vue dogmatique (cette dévotion a triomphé de toutes les attaques), mais au point de vue de la piété. C'est le Nom de Jésus qui a conduit Jeanne d'Arc à la victoire ; c'est par le Nom de Jésus que le grand missionnaire remportera ses plus beaux triomphes. Le monogramme sacré sera son étendard ; il le portera dans la chaire, et pressera toutes les cités de l'arborer publiquement, toutes les familles de le graver sur la porte de leur demeure. C'est le symbole des réconciliations sincères ; c'est le gage des faveurs d'en haut. « Peint sur les étendards, il y attache la victoire. Placé sur la cime des rochers, il les affermit ; sur les antennes des vaisseaux, il les guide à travers les écueils, jusqu'à ce qu'ils aient jeté l'ancre dans le port; sur les phares, il protège la course des navigateurs; sur les portes des maisons, il attire les bénédictions du ciel. Au Nom de Jésus, la peste disparaît, le fléau de la guerre s'arrête, l'abondance renaît, les Etats se consolident, les trônes s'affermissent (1). »

Une soirée est ainsi consacrée au culte du saint Nom de Jésus; une autre le sera à la Reine des Anges, qui est aussi la Reine de l'Italie. Le grand missionnaire y tient beaucoup, et il nous expose lui-même les motifs du choix de ce sujet. « Ce que ne fait pas la crainte du jugement dernier et des peines éternelles, dit-il, je l'obtiens infailliblement du sermon sur la Vierge Marie (2). »

Les peuples méridionaux se laissent plus conduire par l'imagination que par le raisonnement; il leur faut des cérémonies qui touchent, des fêtes qui enthousiasment. C'est pour répondre à ce besoin, non moins que par piété filiale, que le privilégié de la Madone veut qu'on organise, au cours de chaque mission, une procession triomphale en l'honneur de sa libératrice; une seule, pour éviter la dissipation. Le soir, à la clarté de mille flambeaux, au chant des hymnes et des cantiques, on place sur un char d'honneur et l'on porte à travers les rues de la ville évangélisée, la gracieuse image de Marie, dont

1. *Œuvres complètes*, t. IV, p. 311. — V. *Règlement de mission*, t. V.

2. P. Raphaël de Rome, l. II, c. XII.

le grand missionnaire ne se sépare jamais.
Alors éclatent ces ovations, ces acclamations
populaires qui jaillissent du cœur et montent
jusqu'au ciel.

Comment résister à ces moyens de persuasion, si émouvants dans leur naïve simplicité?
Si cependant il reste encore quelque esprit
rebelle, s'il faut du sang pour apaiser la colère
de Dieu, le disciple de saint François n'hésite
pas ; il se met une couronne d'épines sur la tête,
se flagelle avec des lames de fer, conjure le Seigneur d'avoir pitié de ce pécheur endurci, et ne
s'arrête que lorsque les auditeurs, stupéfaits,
terrassés, lui crient à travers leurs sanglots :
« Assez ! Pitié ! Miséricorde ! »

Plus d'une fois, le Maître qui l'a envoyé,
intervient directement; plus d'une fois il
confirme par d'éclatants prodiges la doctrine ou
l'éminente sainteté de son fidèle serviteur. A la
lumière de ces faveurs surnaturelles, la foi se
réveille dans les esprits, et les populations, se-
couant le linceul d'indifférence et de matéria-
lisme qui les enveloppait, renaissent aux joies
de la vie chrétienne.

Chaque mission dure ordinairement une
quinzaine de jours. Elle se clôture par une dernière fête, l'érection solennelle du chemin de la
Croix : faveur réservée jusque-là aux cloîtres
franciscains et que notre Bienheureux étend,
avec l'autorisation des papes Benoît XIII, Clément XII et Benoît XIV, aux moindres bourgades de la péninsule. « Je viens de dresser une

batterie contre l'enfer (1) », répétera-t-il fréquemment à la fin de cette pieuse cérémonie. Ce sont les adieux. Il console les habitants, les affermit dans leurs saintes résolutions, leur donne la bénédiction papale, puis s'éloigne sans bruit, « ne cherchant en toutes choses que l'honneur et la gloire de Dieu (2) ».

Telle est, dans ses grandes lignes, la méthode du « grand missionnaire » ; le Nom de Jésus pour étendard, *Dieu et les âmes* pour devise, la parole inspirée pour glaive, le désintéressement et l'oubli de soi pour moyens. Méthode excellente, si on la juge, comme l'arbre, à ses fruits. Pendant quinze jours, les exercices se succèdent, matin et soir, sans interruption ; la splendeur des cérémonies émeut doucement les imaginations ; les vérités du symbole se déroulent dans un ordre logique et progressif, éclairent les intelligences, éveillent les remords et ne laissent pas de repos à l'âme coupable qu'elle ne se soit jetée, vaincue et repentante, aux pieds du Médecin miséricordieux qui l'attend.

Cette méthode a pour elle l'expérience de deux siècles et les suffrages des Ordres religieux qui l'ont adoptée. N'exagérons rien cependant. La tactique n'est pas tout ; elle n'entre qu'à titre d'aide et d'auxiliaire, dans un ministère condamné à demeurer infructueux, tant que les

1. *Summarium,* p. 372.
2. *Règlement de mission,* t. V, p. 34. — Le Fr. Diégo (*Summarium,* p. 165-176) expose dans les moindres détails l'ordre des exercices de chaque mission.

efforts de la créature ne seront pas soutenus par
la grâce de Dieu et la bénédiction de Marie.
C'est ce qu'ont compris tous les hommes apostoliques ; c'est ce que fait à son tour le grand
missionnaire du xviiie siècle. Avant d'entrer en
campagne et pour mériter la protection de
celle qui est la dépositaire des trésors célestes
et l'avocate du genre humain, il lui voue sans
réserves, à la face des autels, sa personne et
celle de ses collaborateurs. Voici en substance
une de ces formules de consécration, rédigée et
prononcée par lui, en présence de tous ses religieux, alors qu'il était Gardien du couvent del
Monte (2).

« Auguste Souveraine, les Riformati du couvent de Florence, désireux de vous plaire et
d'honorer davantage la plus belle de vos préro-
gatives, votre Immaculée Conception, déposent
à vos pieds le faible tribut de leurs hommages.
Leur offrande se compose de quatre résolutions
concernant les vertus fondamentales de leur
Institut : le silence évangélique, la mortification
des sens, l'esprit d'humilité et la pureté parfaite. Favorisez leur offrande d'un de ces regards
qui réjouissent le paradis, et daignez, en retour,
leur accorder les quatre grâces qu'ils sollicitent
de votre inépuisable libéralité : celle de ne commettre aucune faute de propos délibéré, la persévérance dans leur saint Institut, un vif désir
d'avancer chaque jour dans les voies de la per-

1. *Supplique à Marie, Œuvres complètes*, t. VIII,
p. 563-567. — L'année n'est pas indiquée.

fection, et le maintien de notre Ordre dans la ferveur des premiers jours.

« Ils vous vénèrent, ô Mère tout aimable, ils vous saluent du fond de cette vallée de larmes, heureux de joindre leurs voix à celles de tous les saints du ciel et de tous les justes de la terre. En signe de l'hommage-lige qu'ils vous rendent comme à leur suzeraine, ils entendent renouveler aujourd'hui le vœu qu'ils ont déjà fait, de défendre, *même au prix de leur sang*, le mystère de votre Immaculée Conception, qui vous vaudra éternellement la vénération des élus. »

A ces accents enflammés, on reconnaît le miraculé de la Madone, le défenseur des privilèges de la Mère de Dieu, non moins que le docte théologien qui se souvient de l'adage antique : « *Ad Jesum per Mariam :* A Jésus par Marie. » Nous allons l'accompagner dans ses longues excursions à travers l'Italie, en commençant par la Toscane. Nous nous écarterons rarement de l'ordre chronologique, jamais sans motif, et nous signalerons au fur et à mesure, non tous les faits et gestes qui jalonnent sa route (ce qui deviendrait fastidieux), mais les événements — victoires ou épreuves, simples épisodes ou phénomènes surnaturels — les plus propres à nous le faire connaître, à nous le faire aimer.

CHAPITRE XI

Le célèbre Franciscain avait trente-six ans, lorsqu'il inaugura sa méthode d'évangélisation. « C'était en 1712, disent expressément ses biographes, et Pitigliano, au diocèse de Soana en Toscane, est la petite ville privilégiée qui marque sa première étape(1). » Il nous reste un témoignage irrécusable du succès de cette première mission; c'est une relation officieuse datée du mois de janvier de la même année et adressée par le délégué de la cour ducale à son propre frère.

« Je ne puis contenir ma joie, lui écrit-il, et m'empresse de te faire part du bonheur que nous avons eu à Pitigliano de posséder un grand serviteur de Dieu. Il vient de nous donner une sainte mission, et il va, de ce pas, sanctifier Sorano. Convertir dirait trop peu; sanctifier est le vrai mot. Je veux parler du P. Léonard, cette trompette de l'Esprit-Saint qui par sa douceur a su conquérir son auditoire, sans excepter les esprits les plus rebelles. J'ai l'honneur d'avoir été chargé par Son Altesse Royale de lui procurer tout ce qui lui était nécessaire;

1. P. Raphaël de Rome, l. I, c. v; — et *Summarium*, p. 148.

mais je n'ai guère eu l'occasion d'être utile aux missionnaires. Ils vivent de quête, et se contentent de si peu ! Je leur avais fait préparer un appartement comprenant cinq chambres, garnies de meubles, de lits et de matelas. A peine arrivé, le P. Léonard fit tout enlever; puis il étendit quelques planches en guise de lit, pour y prendre un peu de repos. Je crois que la Providence l'assiste tout particulièrement; car il me semble impossible, humainement parlant, de supporter tant de fatigues, jointes à tant d'austérités (1). »

Les prédications suivantes ne démentirent pas un si brillant début. Sorano et les bourgades environnantes, aussi bien que Pitigliano, accueillirent le missionnaire comme un envoyé de Dieu et l'entourèrent des marques de la plus profonde vénération. Ce n'était ni du fanatisme ni de l'engouement; car le mouvement religieux portait, dans toute la contrée, le sceau du divin: il ramenait les populations au respect du Décalogue et des préceptes de l'Évangile. Tout heureux d'une transformation morale qu'il regardait comme le plus précieux service rendu à la patrie, Cosme III voulut en avoir un compte rendu exact et détaillé, qu'il déposa ensuite dans les archives du couvent (2).

L'année 1713 fut une année calamiteuse pour la Toscane. On redoutait l'invasion d'une épidémie qui, sur les frontières du grand-duché,

1. P. Raphaël de Rome, l. I, c. v.
2. *Id.*, loc. cit.

décimait les troupeaux. A l'intérieur, la séche-
resse avait compromis les récoltes; on craignait
que le manque de céréales n'amenât la famine
et la peste. La peste! On sait quelle terreur ce
seul nom jetait dans les populations, depuis la
peste de Milan. Pour écarter des fléaux dont la
marche défie les investigations de la science, le
grand-duc estima qu'il n'y avait rien de meilleur
que la prière de tout un peuple et le recours à
l'entremise de la Mère des miséricordes; et sur
sa demande, le P. Léonard, son orateur préféré,
prêcha un Triduum à Sainte-Marie-des-Fleurs.
Tout Florence accourut, et la vaste enceinte de
l'église métropolitaine se trouva, chaque soir,
trop étroite pour contenir ces flots de peuple.
Ce n'est pas un spectacle banal que de voir une
ville entière, et surtout une ville où tout porte
le cœur aux joyeuses expansions, faire trêve à
ses divertissements, se recueillir et pleurer ses
désordres. L'ardent apôtre eut cette consolation
et contempla de ses yeux les fruits d'une sincère
pénitence. Le ciel se laissa fléchir; l'ange des
justices éternelles remit le glaive au fourreau,
et les fléaux redoutés s'éloignèrent (1).

Une si prompte délivrance n'était-elle que
l'effet du hasard? Ne fallait-il pas y voir plutôt,
selon l'expression favorite de l'orateur, « une
nouvelle faveur de Marie »? Cosme III fut de
cet avis, et il manifesta sa reconnaissance en
souverain qui a la conception des grandeurs de

1. P. Raphaël de Rome, l. I, c. v.

celle qui est la suzeraine des rois aussi bien que des peuples. Voici de quelle façon.

A cinq milles de Florence, sous les hauteurs boisées de la colline de Sainte-Marie, s'abrite un village nommé l'*Impruneta,* célèbre par la Madone antique et miraculeuse qu'on y vénère. Le Saint y prêcha un Triduum d'action de grâces, au moment des fêtes de Noël. La Madone était exposée; et le dernier jour, on la transporta en grande pompe sur le sommet de la colline. La cérémonie fut imposante, nous dit un témoin oculaire, le vénérable Fr. Diégo. Le grand-duc avait publié un édit invitant tous ses sujets à s'y associer de près ou de loin; ils s'en firent un bonheur autant qu'un devoir. Une fourmilière humaine, évaluée à cent mille personnes, couvrait les pentes de la colline. Le nonce pontifical présidait; autour de lui se pressait la famille royale, Jean-Gaston, l'héritier présomptif (1), et les princesses de la cour. Lorsque le cortège sacré eut atteint les hauteurs, le serviteur de Dieu prononça une chaleureuse allocution, et d'une voix si forte qu'à un mille de distance, les personnes les plus éloignées ne perdaient pas une syllabe de son discours. Dès qu'il eut fini, le nonce éleva la Madone dans les airs et bénit lentement la foule. A ce moment, des salves d'artillerie éclatent sur la colline; les montagnes environnantes se renvoient l'écho des détonations, et d'un bout à

1. Le prince Ferdinand, l'aîné des fils de Cosme III, était mort dans le cours de cette même année 1713.

l'autre de la Toscane, le peuple ainsi averti tombe à genoux, pour recevoir la bénédiction de celle qui commande en souveraine aux fléaux et aux tempêtes. L'émotion est immense; et c'est au milieu d'un enthousiasme indescriptible qu'on reporte l'image miraculeuse au village de l'Impruneta (1).

« Fête inoubliable et dont les habitants se souviennent comme si elle s'était passée hier! » remarque, après un intervalle de quarante années, le premier biographe du Bienheureux (2). C'est, en effet, une de ces fêtes qui, résumant les souffrances et les joies partagées en commun, nouent entre un prédicateur et une grande cité des liens de confiance réciproque et d'amitié, que la mort elle-même ne parvient pas à rompre entièrement. A partir de l'ovation de l'Impruneta, Florence ne considère plus le fils de Casanova comme un étranger; c'est son prédicateur par excellence, c'est le consolateur des mauvais jours, c'est l'envoyé de Dieu. Et lui, de son côté, s'attache chaque jour de plus en plus « à une ville si profondément imprégnée des principes de la foi (3) ». Il admire ces monuments qui portent à de si hauts sommets les gloires de l'art chrétien : le dôme de Brunelleschi, le campanile de Giotto et le baptistère Saint-Jean avec sa porte de bronze, œuvre de Ghiberti, de laquelle Michel-Ange disait : « Elle est digne

1. *Summarium*, p. 143.
2. P. Raphaël de Rome, l. I, c. v.
3. *Coup d'œil, Œuvres complètes*, t. I, p. 402.

d'être la porte du Paradis ! » Il aime ce peuple
qu'a chanté le Dante et qu'a loué Pétrarque. Il
l'aime malgré ses défauts ; il l'aime éperdument,
non en dilettante, mais en apôtre, et peut-être
pourrait-il dire avec plus de vérité que le fameux
Savonarole : « O Florence, je suis fou de toi ! »
Nous n'en voulons pour preuve, en dehors de
ses prédications, que les actes de dévouement
recueillis par ses historiens et les bienfaits
cachés qu'ils insinuent par une simple allusion.

C'est d'abord la réhabilitation d'une jeune
fille, condamnée à mort, sous inculpation d'in-
fanticide. Toute la ville se récriait contre une
sentence dont les preuves paraissaient plus que
problématiques ; mais l'arrêt était définitif,
l'exécution imminente. Un des principaux avo-
cats de Florence eut alors l'heureuse idée de
soumettre la question à notre Bienheureux,
dont il savait le crédit auprès de Cosme III, et
de le prier d'intervenir en faveur de la pauvre
accusée ; il s'offrait lui-même à plaider la cause
de l'infortunée. Courir au palais ducal et présenter sa requête au souverain fut, pour le
serviteur de Dieu, l'affaire d'un instant. « Mais
l'arrêt de mort est porté ! répondit le souverain.
Je ne puis l'annuler ! — Prince, répliqua le
Saint, il ne s'agit pas de l'annuler, ni d'enrayer
le cours de la justice, mais d'éclairer la religion
des juges et, s'il y a erreur ou méprise, comme
en court le bruit public, de réviser le procès. »
Le grand-duc déféra à un conseil si plein de
sagesse. Usant d'un droit qui est le plus bel

apanage de la souveraineté, il suspendit l'exécution de la sentence et ordonna d'engager une
nouvelle procédure sur le fond même des débats.
L'avocat dont nous avons parlé, mit en pleine
lumière l'innocence de l'accusée, et celle-ci
recouvra du même coup l'honneur et la liberté,
aux applaudissements de la ville, dont les féli-
citations se partagèrent entre les deux défenseurs de la jeune fille, l'avocat et le disciple de
saint François (1).

L'heureuse issue du procès ne valut pas seulement à notre Bienheureux un rayon de cette
gloire humaine qu'il fuyait; elle lui attira des
clients qu'il ne rebutait jamais. Dès qu'on le
savait de retour à Florence, toutes ces misères
ignorées ou innommables qui pullulent dans
les grands centres industriels, accouraient à lui,
sollicitant, les uns un secours pécuniaire, les
autres, une place dans l'administration, d'autres une dot pour l'établissement de leurs
jeunes filles. Il s'intéressait à tous, surtout aux
plus dignes de compassion, et se faisait leur
interprète auprès du grand-duc : « Prince, lui
dit-il un jour, je sens combien je suis importun,
mais pardonnez-moi! La vue de ces pauvres
malheureux me fend l'âme! — Père Léonard,
répartit son auguste interlocuteur, apportez-
moi tous les placets qu'on vous remettra. Je
vous assure que pour empêcher une seule trans-
gression grave des commandements de Dieu,

1. P. Raphaël de Rome, l. I, c. XI.

je donnerais volontiers la moitié de mes
États (1). » Ni la répartie du souverain, ni la
charité du moine ne seront du goût de ces philosophes et de ces tribuns socialistes qui rom-
pent en visière avec les enseignements de
l'Evangile; mais nous attendons, à notre tour,
pour juger leur doctrine, qu'elle ait produit un
chef d'Etat aussi dévoué aux intérêts de son
peuple et un conseiller royal aussi désintéressé.

Notre Bienheureux n'était pas seulement le
consolateur des déshérités de ce monde; il était
vraiment l'ange tutélaire de Florence. Toutes
les fois que la ville était désolée par la guerre,
les maladies contagieuses ou les tremblements
de terre, il tournait ses regards vers le ciel,
s'imposait de rudes macérations ou des pèlerinages de pénitence, et suppliait le Seigneur
d'épargner la cité qui le nourrissait. Les prières
de sainte Claire avaient sauvé Assise. Qui dira
combien de fois celles de saint Léonard fléchi-
rent la colère du Tout-Puissant et préservèrent
Florence des maux dont elle était menacée!
En 1721 ou 1722 (le Fr. Diégo ne précise pas),
des bruits de peste jetèrent de nouveau l'alarme
dans la patrie du Dante. Dans ces perplexités,
le serviteur de Dieu, alors Gardien, réunit ses
sujets et les exhorta, au cas où le fléau appa-
raîtrait, à sacrifier leur vie au soin des malades,
« déclarant que pour lui, il s'estimerait heureux
de mourir martyr de la charité (2) ». Tous, à

1. Fr. Diégo de Florence, *Summarium*, p. 595.
2. *Ibid.*, p. 182 et 596.

l'unanimité et par bulletin secret, s'engagèrent
à le suivre sur ces champs de bataille du dévouement. Une intention si pure n'était-elle pas
déjà un acte d'héroïsme? Son poids, jeté dans
la balance de la miséricorde divine, la fit-elle
pencher en faveur de Florence? Le narrateur ne
le dit pas, et nous n'oserions l'affirmer. Dans
tous les cas, le terrible fléau s'évanouit; la cité
reprit son activité habituelle, et les Franciscains
ne perdirent pas le mérite d'un sacrifice généreusement offert.

Peu de temps après, au retour de l'une de
ses missions, le Supérieur du couvent del Monte
fut mandé au palais ducal. Cosme III, sentant
que la mort était proche et regardant les missions du P. Léonard comme un bienfait d'une
portée immense pour la prospérité de sa capitale, pria l'apôtre d'évangéliser, selon sa méthode ordinaire, les deux quartiers les plus
populeux de Florence, Saint-Fridien et Sainte-
Catherine. Le succès dépassa ses espérances.
Il mourut peu de temps après (1723), regretté
de ses sujets, qui louaient la sagesse de son
administration. Nul ne le pleura plus sincèrement que les religieux du couvent del Monte,
dont il s'était montré le constant protecteur,
et notre Bienheureux, que le défunt avait toujours eu en singulière affection.

CHAPITRE XII

A Cosme III succéda Jean-Gaston, son fils
(1723-1737), et les Riformati acquirent bientôt
la certitude qu'ils retrouveraient chez lui les
mêmes sentiments de bienveillance que leur
avait prodigués son père. Lui aussi, il sut apprécier l'importance du rôle de l'Envoyé de Dieu.
Il eut à cœur de le soutenir dans ses travaux
apostoliques, et le consulta plus d'une fois sur
les questions épineuses de la justice ou de
l'administration : témoin le fait suivant rapporté
par le Fr. Diégo.

En 1731, « le grand missionnaire » prêchait à
Rome. Jean-Gaston, désireux de s'entretenir
avec lui, lui envoya une felouque ducale pour
le ramener à Florence. Aussitôt, l'apôtre,
muni de l'autorisation du pape Clément XII,
revient sur les bords de l'Arno, résout les doutes
ou les difficultés du souverain, et reprend, vrai
pèlerin de la parole divine, ses longues pérégrinations à travers la péninsule (1).

Pourquoi ce long voyage ? Quel fut l'objet du
colloque intime entre le grand-duc et l'apôtre ?
Le narrateur ne l'insinue en aucune manière, et

1. *Summarium*, p. 189.

nous en sommes réduits à des conjectures dont
le lecteur appréciera la valeur. Tout nous incline
à croire que la question posée sur le tapis était
grave, de plus qu'elle était doctrinale, et qu'il
s'agit soit du jansénisme, soit de la franc-
maçonnerie, et plutôt de celle-ci. C'était l'époque,
en effet, où la secte commençait à s'introduire
en Italie, ainsi que nous l'apprend le *Bulletin
maçonnique*. « Les premières traces de maçonnerie symbolique, y lisons-nous, apparaissent
vers 1732 à Florence, où un duc anglais, Charles
Sachville, fonda une loge, qui en institua
d'autres à Milan, Vérone, Padoue, Vicence et
Venise. A Rome, de 1735 à 1737, travaillait une
loge écossaise. En 1737, le pape Clément XII
ordonna l'envoi d'un inquisiteur à Ferrare. Vers
la fin de 1737, Gaston de Médicis rendit un
décret contre les francs-maçons ; mais, à sa
mort, le nouveau grand-duc (qui devint plus
tard l'empereur François Ier et épousa Marie-
Thérèse), étant lui-même un franc-maçon, prit
les francs-maçons de Florence sous sa protection. Le 27 avril 1738 parut la fameuse bulle
In eminenti ; et bientôt après, un docteur
Crudeli, à Florence, n'échappa qu'avec peine
aux poursuites de l'Inquisition (1). »

1. Deschamps, *Les sociétés secrètes,* t. III, p. 66. —
L'empereur François Ier est le père de l'infortunée Marie-
Antoinette. S'enrôla-t-il vraiment dans les rangs de la
franc-maçonnerie? C'est là une grave allégation qu'il
faudrait prouver. En revanche, il est certain que les
Régents qui gouvernaient la Toscane en son nom, favo-
risèrent la secte, ainsi que nous le verrons plus loin.

Quoi de plus naturel que de supposer que Jean-Gaston commença par s'entourer de renseignements sur la doctrine et les agissements de la secte, avant de porter le décret de 1737, et que « le docte missionnaire » fut son théologien ? Les dépositions des témoins du procès de canonisation et l'attitude de Benoît XIV confirment cette hypothèse. « Le Bienheureux s'animait, ses yeux lançaient des éclairs, dit le Fr. Diégo, lorsqu'il dénonçait du haut de la chaire les infamies des sociétés secrètes (1). — Il les poursuivait en tous lieux et tenait le pape au courant de leurs progrès (2) », rapporte un autre témoin. Et ce qui n'est pas moins significatif, lorsqu'en 1751, Benoît XIV publie la bulle *Providas* et renouvelle les excommunications portées par Clément XII contre la franc-maçonnerie, il en expédie un exemplaire spécial, accompagné d'un autographe, à l'humble Franciscain (3). Quel est le motif de cette attention si honorable, sinon qu'il regarde l'apôtre comme un des adversaires de la secte les plus redoutables et les plus redoutés ?

Nous n'avons point à justifier notre héros pour la part qu'il a prise à la dénonciation du péril social ou aux mesures de rigueur dirigées contre les Illuminés de l'époque : il a été clairvoyant. Ces Illuminés ont été les fondateurs de cette puissance occulte qui a présidé aux héca-

1. *Summarium*, p. 377.
2. *Ibid.*, p. 428.
3. *Œuvres complètes*, t. I, p. 623.

tombes de 1793, aux incendies de la Commune (1871), au meurtre de Garcia Moréno, et qui lance ses troupes, sous nos yeux, à l'assaut de l'Église et de la Papauté, « en propageant les doctrines les plus criminelles et en fomentant les plus vils appétits (1) ».

Les *doctrines* de la secte n'ont pas varié depuis son origine. Dès 1759, un franc-maçon italien, converti, les résumait de la sorte. « Pas de maître au-dessus de nous ! — Jouir, voilà le but de la vie ! — Le mal n'est qu'un mot ! — Le suicide est permis ! — C'est faire une bonne œuvre que d'assassiner les rois (2) ! » C'est le code du libertinage et de l'impiété ; c'est l'apologie de la révolte et de l'assassinat. Honte à ceux qui ne rougissent pas de professer de

1. Allocution de Léon XIII aux prédicateurs de Carême (1882).

2. Deschamps, *Les sociétés secrètes*, t. III, p. 76. — Voir (*Ibid.*, p. 658) un document du commencement du XIX° siècle sur le rôle prépondérant de la Juiverie dans la lutte contre le catholicisme et la papauté. — Rapprocher de cette communication confidentielle les observations suivantes, dues à un esprit libre et indépendant. « Le Juif est le docteur de l'incrédule ; tous les révoltés de l'esprit viennent à lui, dans l'ombre ou à ciel ouvert. Il est à l'œuvre dans l'immense atelier de blasphème du grand empereur Frédéric et des princes de Souabe ou d'Aragon ; c'est lui qui forge tout cet arsenal meurtrier de raisonnement et d'ironie qu'il léguera aux sceptiques de la Renaissance, aux libertins du grand siècle, et le sarcasme de Voltaire n'est que le dernier et retentissant écho d'un mot murmuré six siècles auparavant dans l'ombre du ghetto, et plus tôt encore, au temps de Celse et d'Origène, au berceau même de la religion du Christ. » (Darmesteter, *Coup d'œil sur l'histoire du peuple juif.*)

pareilles maximes ! Honneur à ceux qui, comme saint Léonard, revendiquent courageusement les droits de la dignité humaine !

Les quelques faits que nous avons groupés, dans ces deux chapitres, autour de la famille des Médicis, prouvent surabondamment, à notre avis, combien étaient étroites, et aussi combien avantageuses pour la paix sociale, les relations d'intimité établies entre les ducs de Toscane et l'apôtre du xviiie siècle. Il ne nous reste plus qu'à clore ces considérations par un dernier épisode qui nous reporte à l'année 1738.

Époque de deuils et de transformations politiques pour la vieille cité ! Le grand-duc Jean-Gaston était mort l'année précédente ; et par suite d'une convention spéciale, les puissances européennes avaient transféré le sceptre ducal aux mains de François III, duc de Lorraine (1), au détriment de l'Électrice palatine, Anne-Marie, fille de Cosme III et dernier rejeton des Médicis. Dépouillée de sa couronne, portant le simple titre de Régente, sans en exercer les fonctions, cette princesse n'en conservait pas moins cependant la haute influence acquise au nom des Médicis ; elle en profita pour procurer aux Florentins le bonheur d'entendre encore une fois l'orateur dont ils avaient tant de fois goûté la parole, le Saint qui avait été, en des jours meilleurs, le confident et l'ami de son père. Détail délicat : elle distribua de larges

1. Epoux de l'impératrice Marie-Thérèse et empereur sous le titre de François Ier.

aumônes dans la classe ouvrière, afin que les travailleurs pussent, sans préjudice pour leurs familles, assister aux différentes instructions. L'infatigable apôtre prêcha deux missions de suite dans la ville : l'une à Saint-Nicolas, du 28 décembre 1737 au 12 janvier 1738 ; l'autre, du 10 janvier au 3 février 1738, dans la collégiale de Saint-Laurent, où reposent les cendres des Médicis. La seconde mérite de fixer notre attention (1).

Jamais, au rapport des contemporains, les murs de Florence ne virent ni pareille affluence ni pareil enthousiasme ; jamais l'orateur ne remporta de plus beaux triomphes. L'enceinte de la collégiale, pourtant si vaste, était trop étroite. La foule refluait au loin sur la place ; et pour prévenir tout désordre, une compagnie de grenadiers gardait les abords du lieu saint. Un jour que le Bienheureux parlait sur l'endurcissement du pécheur, il fut arrêté, vers la moitié de son discours, par les sanglots de son auditoire. Voyant que les gémissements couvraient sa voix, il prit son crucifix, et d'un geste magnifique montra en silence le Dieu d'amour mort sur la croix pour le salut des pauvres pécheurs. Jamais il ne fut plus éloquent ; jamais non plus le Très-Haut ne confirma par des prodiges plus frappants la doctrine et la sainteté de son serviteur. Des globes de feu se répandirent dans l'église, semant la terreur et le

1. *Summarium*, p. 208.

remords dans les consciences coupables. Les impies les plus forcenés rentrèrent en eux-mêmes ; beaucoup même n'osèrent sortir du temple avant de s'être réconciliés avec Dieu, et les prêtres, Franciscains, Jésuites et autres, passèrent une partie de la nuit au saint tribunal de la pénitence (1).

« L'émotion a été extraordinaire (2) », déclare le Saint lui-même dans sa correspondance.

Cette soudaine apparition du surnaturel, ces globes de feu, et les prodiges analogues que nous rencontrons à chaque pas sur notre route, ne doivent pas nous surprendre de la part d'un missionnaire que Dieu voulait opposer, comme une digue aux flots envahissants du jansénisme et de l'incrédulité. C'était l'époque d'un mouvement de recrudescence pour les erreurs de Jansénius, surtout en France. Condensées et rajeunies par le P. Quesnel dans son ouvrage des *Réflexions morales*, elles passionnaient toujours l'opinion. Ces doctrines formellement condamnées par Clément XI (3), ces doctrines si étroites, si dures, trouvaient des adeptes dans tous les rangs de la société ; et l'on voyait des prêtres, des évêques, attaquer le culte de la Reine des vierges, dénicher les saints, travestir les hymnes du bréviaire, et prétendre rester

---

1. P. Raphaël de Rome, l. I, c. XIV. — C'est le Fr. Diégo (*Summarium*, p. 209) qui signale ici la présence des Jésuites comme confesseurs.
2. *Œuvres complètes*, t. I, p. 463.
3. Bulle *Unigenitus* (1713).

dans le sein de l'Eglise, malgré l'Eglise ! Véri-
tables vampires attachés aux flancs de la
barque de Pierre et plus à craindre que les
ennemis du dehors ! Leurs idées avaient franchi
les Alpes et trouvé un écho à Modène où elles
avaient déteint sur l'esprit d'un savant tel que
Muratori (1), et à Florence, où notre Bienheureux ne tarda pas à les découvrir, pendant
sa mission de 1738. « Nous avons eu à combattre, écrit-il, une hérésie qui se glisse dans
l'ombre, sous l'herbe, comme le serpent. Nous
l'avons attaquée de front (2). » Il ne peut pas
désigner plus clairement l'hérésie janséniste.
Cachée, il la démasque ; fille de l'ange homicide,
il la flétrit et lui oppose l'impérissable beauté
de l'Eglise, fille de la lumière et de l'amour.
Mais il s'adresse aux foules et rien ne les frappe
comme l'intervention directe du Créateur. Le
miracle est une démonstration irréfutable, populaire, du dogme enseigné ; il communique au
verbe du prédicateur une puissance irrésistible,
et aux convictions des témoins une énergie que
rien n'abattra. Nous avons ainsi la signification
et les divines opportunités des prodiges opérés
à Florence en 1738. Ils ne pouvaient manquer
d'émouvoir un peuple qui était loin d'avoir
perdu le sens chrétien, et de l'attacher par
des liens plus forts à une religion dont la divi-

1. Dans son opuscule : *De la dévotion bien réglée à
Marie*, 1727.
2. Correspondance du Saint, *Œuvres complètes*, t. I,
p. 463.

nité s'affirmait si visiblement sous ses yeux.

La lutte a été chaude. Sur le conseil de la princesse Anne-Marie, le Bienheureux diffère son départ pour la solitude de l'Incontro et reste quelques jours encore, après la mission, sur le théâtre du combat, afin de consolider la victoire. Les croyances sont raffermies ; ses derniers conseils touchent à la réforme des mœurs. Il recommande aux catholiques de mettre toujours le devoir avant le plaisir, « de fuir les orgies du carnaval et de ne pas s'écarter des lois de la décence, même dans les amusements les plus légitimes (1). » Puis, il quitte « la cité des fleurs », il la quitte pour longtemps ; il la quitte le cœur inondé de consolations, parce qu'il l'a rendue au Christ.

En somme, peu d'hommes, même parmi les Toscans, peu de saints, même parmi les plus illustres, ont exercé sur elle une influence plus heureuse et plus marquée. Pendant vingt années et au delà, il lui a prodigué le meilleur de son âme, avec la fraîcheur des premiers dévouements de sa carrière apostolique. Il y a prêché dix missions, sans compter les retraites dans les communautés religieuses : tour à tour conseiller des princes, directeur des clercs, consolateur de ceux qui souffrent, ami de tous, surtout des petits et des pécheurs. Florence a été pour ainsi dire son quartier général, le centre d'où son

---

1. Correspondance du Saint, *Œuvres complètes*, t. I, p. 463.

apostolat victorieux a rayonné sur le reste de l'Italie. De son côté, l'opulente cité des Médicis, une fois éclairée sur les sublimes desseins du disciple de saint François, ne lui a ménagé ni les ovations enthousiastes, ni, ce qui vaut mieux encore, les marques d'un sincère retour aux maximes de l'Evangile.

La rénovation religieuse d'une ville si importante eût suffi à la gloire de l'apôtre; elle ne suffit pas aux ardeurs de son zèle. Nous allons le voir, dans le même espace de temps, parcourir à pas de géant le reste de la Toscane et cueillir d'autres lauriers, de ces lauriers que le temps ne flétrit pas et que nous prendrons plaisir à déposer aux pieds de ses autels.

CHAPITRE XIII

Les grands orateurs sont rares. La renommée de celui de Florence se répandit tout de suite au loin, surtout à partir des fêtes de l'Impruneta, et bon nombre d'évêques firent immédiatement des instances pour obtenir le concours de son ministère. Il ne refusait jamais. De 1712 à 1713, il évangélisa successivement les diocèses de Soana, de Massa, d'Arezzo, de Volterra, de Prato. Pendant les deux années suivantes, c'est le tour de Pescia, de Chiusi, de San-Miniato et de Pistoie. Puis viennent les missions de Pise, de Livourne, de Lucques ; le tout, au milieu d'incidents divers dont nous relaterons les plus importants (1).

A Prato (2), il eut à lutter contre les mêmes hostilités qu'à Florence ; il en triompha également et par les mêmes moyens, à force de douceur et de patience, s'employa pendant un mois à la réforme des mœurs, se concilia toutes les sympathies et finit par établir dans cette ville un couvent de retraite relevant de celui de Florence (mai 1713).

A San-Miniato, il eut les mêmes succès, sans les mêmes difficultés. On en peut juger par le

1. P. Raphaël de Rome, l. I, c. vi.
2. *Id.*, l. I, c. v.

rapport qu'adressait l'évêque de cette ville au Gardien du couvent del Monte. « Le P. Léonard vous retourne chargé de mérites pour le paradis. Quel zèle admirable ! Pendant quinze jours, et je pourrais ajouter pendant quinze nuits, il a travaillé sans répit au salut éternel de mes ouailles. Rien ne surpasse son dévouement, si ce n'est peut-être les fruits qu'il a produits, Pour moi, je déclare que la grâce divine triomphe en lui ; car il ne me semble pas possible qu'un homme soit capable de pareils efforts sans une assistance spéciale d'en haut (1). »

Plus explicite et plus enthousiaste encore est la missive où, l'année suivante, le 15 juin 1715, le curé de la paroisse suburbaine de Saint-Roch rendait compte au même Supérieur du résultat de la mission de Pistoie. « Bénie soit l'heure, lui écrit-il, où j'ai osé vous importuner pour vous demander le P. Léonard ! Il n'y a que Dieu qui sache tout le bien qu'il a fait. Toute la ville le vénère comme un saint, doublé d'un docte prédicateur et d'un fervent missionnaire. Il a captivé les esprits, il a électrisé les cœurs sans excepter ces indifférents, insouciants de la vérité, qui ne prêtent l'oreille qu'à ce qui les flatte. Nul de ceux qui sont venus l'entendre n'a pu résister à la magie de sa parole. Et pourtant quelle affluence ! Quinze mille personnes environ à la seconde procession de pénitence, et dans les vingt mille à la bénédiction papale.

1. P. Raphaël de Rome, l. I, c. VI.

Tous les confesseurs de la ville ont été sur-
chargés de besogne ; et l'on remarquait sur tous
les visages ce calme extérieur qui est l'indice
d'une âme exclusivement préoccupée de ses
intérêts éternels. Le départ du Père a été
un vrai deuil pour tous ; tous pleuraient ; tous
réclament son retour. Les notables de la ville,
chevaliers et nobles dames, venaient aux heures
les plus chaudes du jour, pour l'entendre et se
confesser à lui. Le peuple passait la nuit sous
le portique de l'église. Dieu soit béni d'avoir
envoyé de pareils serviteurs au secours de la
chrétienté ! On peut juger des fruits de la
mission, rien qu'à considérer la piété avec
laquelle on assiste à l'exercice du chemin de la
Croix. C'est un spectacle tout à fait nouveau,
en effet, que de voir les gentilshommes et les
dames de qualité de Pistoie, d'ordinaire si
ennemies des démonstrations extérieures,
faire le chemin de la Croix d'un air recueilli,
baiser la terre sans respect humain, et cela,
même depuis que la mission est terminée (1). »

Les documents que nous venons de traduire
sont un témoignage irrécusable de la haute
estime qu'on professait partout pour l'austère
disciple de saint François ; Fiésole, Collé, Gros-
séto, Pise, Livourne, Lucques, donnent la même
appréciation que Pistoie ; toutes ces villes le
regardent comme un envoyé de Dieu, investi
d'une mission providentielle et habile à guérir

1. P. Raphaël de Rome, l. I, c. VII.

les plaies de l'Italie. Mais laissons parler les faits ; ils ont leur éloquence et nous dispenseront de tout commentaire.

Mgr Frosini, archevêque de Pise, apprenant les merveilles que le Saint opérait à Pontédéra, petite ville de son diocèse, résolut de s'y rendre en personne, pour juger par lui-même de ce qu'il y avait de vrai dans les bruits publics. En entrant dans l'église, il n'entendit d'abord que des cris et des lamentations. Le Bienheureux traitait du Jugement dernier; les gémissements de l'auditoire le forcèrent à interrompre son discours. « Jamais je n'ai vu couler tant de larmes », déclare le prélat, gagné lui-même par l'émotion commune. « Je veux, dit-il au prédicateur, je veux que vous veniez évangéliser ma ville épiscopale (1). » Le serviteur de Dieu n'eut garde de refuser.

Pise, bâtie sur les deux rives de l'Arno, est célèbre par ses monuments, son dôme, sa tour penchée, son Campo-Santo, et plus encore par son Université. Au xviiie siècle, quoique déchue de son ancienne splendeur et tributaire de Florence, elle n'en demeurait pas moins un centre d'activité intellectuelle où les lettres et les sciences étaient en honneur. Placé en face d'esprits très cultivés, le docte prédicateur laissa briller, sans effort, sans recherche, toute la ri-

---

1. P. Raphaël de Rome, l. I, c. xi. — Nous savons par la déposition du cardinal Guadagni (*Summarium*, p. 25), que la mission de Pise eut lieu en 1717. « Celle de Livourne la suivit de près. » (P. Raphaël, loc. cit.)

chesse de son talent. Il donna ses premières
conférences dans l'église Saint-Augustin, en
présence du grand-duc et d'une affluence sans
cesse grossissante. De là il passa à l'église métropolitaine, se donnant à tous, se donnant tout
entier. L'Université, qui avait ses privilèges et
son autonomie, n'était point restée étrangère au
mouvement religieux qui emportait la vieille
cité ; elle réclama à son tour sa part du festin
spirituel si abondamment servi aux habitants.
Comment l'apôtre eût-il pu rejeter une pareille
demande, lui qui aimait tant la jeunesse, surtout cette jeunesse lettrée, exposée à tant de
périls, victime de tant d'illusions ? Il vécut donc
pendant cinq ou six jours au milieu des étudiants,
leur rappela, dans le style imagé qui convient
à leur âge, le but suprême de la vie, la nécessité
d'y tendre, les écueils de la route, le malheur
de ceux qui s'écartent du droit chemin. « Cette
jeunesse si turbulente, si folle d'indépendance
et de liberté, remarque le narrateur, fut littéralement fascinée par l'éloquence de l'apôtre, et à
partir de cette retraite, elle sut mêler le goût des
devoirs sérieux à l'acquisition des lettres et des
sciences (1). »

De Pise, l'infatigable missionnaire se transporta à Livourne. Sa présence y était plus nécessaire que partout ailleurs. Livourne, qui
n'était qu'un village de peu d'importance deux
siècles auparavant, s'était élevée tout d'un coup

1. P. Raphaël de Rome, l. II, c. XI.

au rang des ports les plus considérables, grâce
aux Médicis qui y avaient offert asile aux exilés
ou aux mécontents de tous les pays, catholiques
d'Angleterre, Maures d'Espagne, Juifs de Por-
tugal, négociants venus de Marseille pour se
soustraire aux fatalités de la guerre. Rendez-
vous de toutes les infortunes, de toutes les
races, de toutes les religions, la cité naissante
était bientôt devenue la sentine de tous les
vices. Les Juifs y dominaient, avec ce génie
commercial et cette absence de scrupules qui les
distinguent. Possesseurs de fortunes insolentes,
acquises par l'usure et toutes sortes d'opéra-
tions véreuses, ils affectaient de ne tenir aucun
compte des lois canoniques qui réglaient le prêt
à intérêt et les relations entre Sémites et chrétiens ; lois si sages pourtant, qui avaient pour
but non seulement d'empêcher l'exploitation des
catholiques par les sectateurs du Talmud, ou de
préserver la foi des premiers, mais encore de
prévenir ces conflits sanglants, ces terribles
représailles, où, dans une heure de colère, les
populations indignement trompées se ruaient
sur les banquiers juifs pour les massacrer (1). »
En un mot, les scandales foisonnaient à Livourne ; le Décalogue était foulé aux pieds, et les
idoles de l'or et du plaisir recevaient, plus que le
vrai Dieu, l'encens des foules matérialisées (2).

On était alors à la veille des fêtes du carnaval.

1. Voir le *B. Bernardin de Feltre*, par le R. P. Ludo-
vic de Besse, t. II, p. 59.
2. P. Raphaël de Rome, l. I, c. XI.

Arborer l'étendard de la croix, dans des conjonctures si peu favorables et devant une population si mêlée, n'était-ce pas courir au-devant d'un échec? Les compagnons du vaillant missionnaire le chuchotaient tout bas. Mais les saints ont des audaces qu'ils puisent dans la vision du Calvaire et la notion des miséricordieuses tendresses de l'Homme-Dieu. Après s'être prosterné la corde au cou, aux pieds de l'archevêque de Pise, Mgr Frosini, et lui avoir demandé sa bénédiction, il prêcha sans crainte sur la place publique, du haut d'une estrade préparée à cet effet. Il parla avec tant de feu et de componction, que dès le premier jour il imposa silence aux passions ameutées. Bien plus (ce qui paraîtrait incroyable pour qui connaît l'Italie, si le témoignage des contemporains n'était là pour l'affirmer), les préparatifs du carnaval furent abandonnés, les théâtres fermés, faute de spectateurs, et les mascarades habituelles remplacées par des processions de pénitence. Livourne présentait l'aspect d'une Ninive convertie. Les églises se remplissaient d'adorateurs qui se frappaient la poitrine; les notables de la ville, sur le conseil du prédicateur, faisaient un magnifique cortège au saint viatique, lorsqu'on le portait aux malades; le respect humain était vaincu, les idoles de boue renversées de leur piédestal, et l'Evangile reprenait sur les intelligences un empire dont il n'est jamais impunément dépossédé.

Les historiens nous signalent, parmi les plus

beaux fruits de cette mission, la conversion d'un musulman et de quarante courtisanes. Un soir, ces malheureuses s'étaient mêlées à la foule, mues par un simple sentiment de curiosité. Elles furent bientôt saisies par l'importance du sujet. Le Saint développait un thème toujours vrai, toujours nouveau : la folie des âmes mondaines sacrifiant une éternité de bonheur pour quelques plaisirs éphémères, qui ne leur laisseront que des regrets ou des remords. En même temps un rayon de la grâce tombait sur elles et leur découvrait si clairement l'infamie de leur conduite, qu'elles se prosternèrent toutes ensemble, nouvelles Marie-Madeleine, sur le pavé de l'église, demandant pardon à haute voix pour les scandales qu'elles avaient donnés. Ce fut un spectacle touchant de les voir, les jours suivants, se rendre, enveloppées de longs voiles de deuil, aux exercices de la mission. Le Bienheureux les mit à l'abri de la misère et de toute rechute, sans que personne songeât à lui disputer une si belle proie enlevée à l'enfer. Trois d'entre elles moururent presque immédiatement après leur réconciliation avec Dieu. La plupart des survivantes, embellissant leur pénitence par l'office de la charité, vouèrent le reste de leur existence au soin des infirmes et des malades dans les différents hôpitaux de la ville.

La conversion du Mahométan ne fit pas moins d'impression sur les esprits. C'était un jeune Turc, tout récemment débarqué à Livourne. La vue du Saint fut pour lui une lumière. Le serviteur de Dieu l'accueillit avec bonté, l'instruisit des mystères de la foi et l'emmena avec lui à Florence, où le jeune néophyte fit son abjuration solennelle (1).

Nous ne voyons pas que les Juifs de Livourne aient été ébranlés par un si courageux exemple. Comme leurs coréligionnaires d'aujourd'hui, ils pensaient plus à leurs comptoirs qu'à leurs destinées immortelles. Le zélé missionnaire ne voulut pas qu'on les molestât pour les formes rituelles de leur culte. Il était le premier à proclamer que la liberté de conscience est le plus sacré des droits et savait que la foi ne s'impose que par la persuasion. Mais, en revanche, il ne tolérait, de la part des enfants d'Israël, aucune de ces iniquités financières ni de ces oppressions tyranniques dont ils sont coutumiers, quand ils se sentent les plus forts. A Livourne, en particulier, où leurs exactions et méfaits étaient notoires, il les rappela sévèrement au respect des lois de l'équité, de la morale et du droit canon (2). Au cours de la mission, un prêtre de cette ville avait encouru toutes les colères d'Israël, pour avoir rendu les honneurs de la sépulture, comme c'était son droit et son devoir, à un petit enfant juif, mort après le baptême. Le Bienheureux félicita chaudement ce prêtre, prit hautement sa

1. P. Raphaël de Rome, l. I, c. x ; — et *Summarium,* p. 150.

2. En France, si l'on avait observé les prescriptions du droit canonique, la question juive, si complexe, si irritante, n'aurait point existé.

défense et réussit même à lui obtenir un cano-
nicat (1).

Il rencontra cent fois sur sa route les descen-
dants de cette race divinement élue et non moins
divinement châtiée ; il ne modifiera pas une
seule fois sa ligne de conduite, également éloi-
gnée du parti pris qui hait sans motif, et d'un
faux libéralisme qui ne profite qu'à l'erreur.

L'œuvre de l'apôtre était terminée à Livourne.
Lucques lui tendait les bras ; il y volait, sans
prendre de repos, et à peine arrivé, rassemblait
les habitants dans la vaste enceinte de l'église
Saint-Fridien. Lucques, surnommée l'indus-
trieuse, mériterait aussi d'être appelée la cité
très chrétienne (2). Nulle part, il aimera à le
répéter dans la suite, nulle part il ne trou-
vera une population plus sympathique et plus
docile aux sollicitations de la grâce ; nulle part
il n'éprouvera de plus pures jouissances. En
dehors de ces renseignements un peu vagues,
les historiens mentionnent un acte de charité
sacerdotale qui témoigne une fois de plus de la
confiance universelle à son endroit. Un condamné à mort le pria de l'assister à ses derniers moments. Le Bienheureux, surmontant
son horreur instinctive pour le sang, l'accompagna jusqu'au lieu du supplice et le fortifia
contre les transes de la mort. Puis, montant

1. C'est au Fr. Diégo de Florence (*Summarium*, p. 390)
que nous devons ces détails instructifs.
2. Elle formait alors une petite République autonome.
3. P. Raphaël de Rome, l. I, c. XII.

sur l'échafaud, pâle d'émotion, il profita de la circonstance pour adresser aux spectateurs une de ces allocutions que rendent encore plus poignantes la majesté de la mort et celle du tribunal suprême qui révise toutes les sentences de la justice humaine.

Quelques jours après, pèlerin de la parole divine, il reprenait son bâton de voyage, obéissant à la main invisible qui le guidait, avec un magnifique abandon à la Providence et sans consulter autre chose que les besoins des peuples. Apercevant, au sortir de Lucques, un village perché sur la crête d'une colline, comme il y en a tant en Italie, il se sentit inspiré d'y monter pour y annoncer les miséricordes du Seigneur. Mais son ministère y serait-il accepté? Quelques-uns de ses compagnons, députés vers le curé de la paroisse à cet effet, rapportèrent un avis favorable; et aussitôt, gravissant d'un pas plus alerte les pentes du monticule, il se mit à l'œuvre. Dès le premier jour, une femme vint se prosterner à ses genoux et lui dit, sans autre préambule : « Mon Père, c'est pour moi que Dieu vous a envoyé ici. Voilà trente ans que je vis dans le sacrilège, trente ans que j'ai commis un péché grave que je n'ai jamais osé déclarer à mes confesseurs, parce qu'ils sont peu nombreux dans le pays, et tous de mes parents ou de mes connaissances. Cependant j'étais malheureuse, bourrelée de remords, et je suppliais la sainte Vierge d'avoir pitié de moi. Elle a eu pitié de moi, en effet; elle m'est apparue et m'a promis que, dans quatre jours, le village recevrait un religieux près duquel je pourrais décharger ma conscience. » Cette accusation était entremêlée de larmes de regrets et de sentiments de componction qui étaient l'indice, chez la pénitente, d'une parfaite sincérité. Le Bienheureux versa sur les blessures de son âme une goutte du sang divin, et elle se releva consolée, emportant dans son cœur une paix qui ne venait pas de la terre, une paix qu'elle ne connaissait plus. Et le plus heureux des deux était encore le confesseur. C'est une joie si douce, si élevée au-dessus des conceptions du vulgaire, de guérir une âme meurtrie et de rendre la paix à un cœur désolé ! Descendu de la colline et cheminant avec ses compagnons le long des routes poudreuses, le Bienheureux leur disait : « La mission, c'est Dieu qui passe avec ses miséricordes. Quelquefois il n'a en vue qu'une âme, une pauvre âme ignorée ! Tenez donc pour certain que lors même que vous ne lui en gagneriez qu'une seule, vos sueurs seraient encore fécondes et plus tard largement récompensées (1). »

Paroles suaves et bien propres à exciter ou à ranimer le courage des prédicateurs ! Pour lui (et c'est là le cachet de son zèle), il laissait tout pour courir après les brebis perdues et ne se lassait pas qu'il ne les eût ramenées au bercail. Souvent il avait des illuminations soudaines sur leur état ; souvent encore, épris de

1. P. Raphaël de Rome, l. I, c. XII.

compassion pour ces nouveaux prodigues rivés, comme celui de l'Evangile, aux chaînes de leurs passions, il en appelait, pour les convertir, à la puissance et à la bonté de Dieu. C'est ce qui eut lieu à Camajore, au diocèse de Lucques. Dans son discours d'ouverture, il s'écria : « Il y y a ici un pécheur qui se moque des exhortations du prédicateur et qui a juré de continuer à vivre dans le désordre. Mais puisque ma parole est impuissante à toucher son cœur, je conjure le Très-Haut de faire éclater sa foudre pour briser la dureté du coupable. » Au même instant, quoique le ciel fût calme et sans nuages, un effroyable coup de tonnerre fait trembler les colonnes de l'église, et les éclairs sillonnent la nue. Le Créateur avait parlé. La ville ne se cabra point contre des avertissements si manifestes, et les pécheurs les plus invétérés, rompant la chaîne de leurs habitudes, revinrent aux pratiques de la vie chrétienne (1).

C'est à travers ce mélange de prédications, d'épreuves, d'ovations populaires, de vertus héroïques, de prodiges sans nombre et d'incroyables succès que l'intrépide Franciscain parcourt les différentes contrées de la Toscane, de Florence à Livourne, de Sienne à Pistoie. Prato, Lucques, Pise, après l'avoir entendu, réclament de nouveau le bienfait de sa présence, tantôt pour les fidèles, tantôt pour les communautés religieuses : il accourt. Quelques villes du pays

1. P. Raphaël de Rome, l. I, c. XII. — Cf. *Summarium,* p. 190, ad ann. 1731.

de Gênes, puis les îlots perdus dans la mer
Tyrrhénienne, Gorgona, l'île du Giglio, l'île
d'Elbe, lui font signe : il est prêt, toujours sur la
brèche, toujours alerte et vigoureux, semblable
au soldat qui oublie les privations et les fatigues, quand il a réussi à planter son drapeau
sur les murs de la ville assiégée. En moins de
vingt ans, avec l'aide de quelques-uns de ses
confrères et plus encore avec l'aide de Dieu, il a
redressé la Croix sur tous les points de la Toscane. Nous allons bientôt le voir continuer ses
pacifiques exploits dans les Etats pontificaux et
au delà ; mais auparavant, et pour clore ce chapitre, laissons le P. Raphaël, son premier biographe, nous raconter un épisode d'une valeur
toute séraphique et qui fait penser à la *Joie
parfaite de saint François* (1).

Le Supérieur du couvent de Prato et notre
Bienheureux se rendaient ensemble, à titre de
Gardiens, au mont Alverne, où devait se tenir
le Chapitre provincial. Chemin faisant, à la
tombée de la nuit, ils furent surpris par une
pluie torrentielle. A l'horizon se dressait, sur
une éminence, un village inconnu ; ils se diri-
gèrent de ce côté. Tout en gravissant les pentes
de la colline, saint Léonard dit à son compagnon de voyage : « Si personne ne voulait nous
recevoir, quoique nous soyons trempés jusqu'aux os, si au lieu de nous héberger et d'avoir
pitié de nous, on nous chassait outrageusement,

---

1. Voir notre Vie de S. *François d'Assise,* ch. v.

n'est-il pas vrai que nous le supporterions
volontiers? — Dieu nous en garde! répliqua le
Gardien de Prato. Car ce serait on ne peut plus
fâcheux pour nous. — Et pourtant, reprit le serviteur de Dieu, il faudrait s'en réjouir, car là est
la perfection d'un Frère-Mineur, ainsi que notre
séraphique Père l'enseignait au Frère Léon. »
Etait-ce un pressentiment? Peut-être! Toujours
est-il que les prévisions du Bienheureux se réa-
lisèrent à la lettre. Toutes les portes du village
se fermèrent devant les deux moines, sous prétexte qu'on n'avait pas où les loger. Découvrant
une maison de meilleure apparence, ils y vont
et frappent. A la fin, une servante leur ouvre
d'un air grincheux et les conduit dans une étable
où elle leur jette un fagot pour faire du feu;
mais bientôt elle revient et les contraint à
partir, en disant que son maître la gronderait.
Comme le Gardien de Prato s'indignait de la
dureté des habitants, le Saint lui dit avec un
sourire angélique : « Père, voilà le moment de
nous enrichir pour le ciel! Dieu nous offre un
joyau de grand prix; et ce joyau, nous le refuse-
rions! Allons! Ayons confiance, et la Providence
ne nous abandonnera pas. » La Providence veillait sur eux, en effet; et quelques pas plus loin,
une pieuse dame leur donnait l'hospitalité (1).

1. P. Raphaël de Rome, l. II, c. IX. — Comme l'auteur
omet d'indiquer la date du Chapitre provincial, il est
impossible de préciser. Le Bienheureux remplit pendant
neuf ans, mais avec des intervalles, la charge de Gardien
au couvent del Monte. C'est donc entre 1715 et 1730 que
se place l'épisode de la joie parfaite.

CHAPITRE XIV

En 1730, le serviteur de Dieu était occupé à prêcher dans l'île de Gorgona, lorsqu'on lui remit une dépêche signée du cardinal Barbérini, doyen du Sacré-Collège et évêque d'Ostie. Dans cette missive, le cardinal demandait une grande mission pour Vellétri, siège de sa résidence épiscopale. De graves désordres troublaient la ville, et il priait le Bienheureux de passer par Rome, en toute hâte, pour y recevoir de plus amples instructions.

« L'invitation causa un extrême plaisir à notre vénéré Père », remarque le Fr. Diégo (1), non à cause de l'honneur qui lui était fait, mais en raison des résultats qu'il entrevoyait. Là-bas, la moisson était mûre et n'attendait que les moissonneurs. Il retourna promptement à Florence, prit congé du grand-duc Jean-Gaston et de la princesse Yolande de Bavière, qui lui remit une lettre de recommandation pour Clément XII; et le 7 septembre de la même année, il se dirigea prestement vers la ville éternelle, non sans visiter sur son chemin sa chère solitude de l'Incontro et les principaux sanctuaires franciscains, la Portioncule, le

1. *Summarium*, p. 184.

Sacro-Convento d'Assise, Monteluco. Le 25 septembre, il était au noviciat de Notre-Dame-des-Grâces de Ponticelli, qu'il n'avait pas revu depuis trente ans écoulés ; et le 4 octobre, aux pieds de Clément XII, qui venait de monter sur le siège de saint Pierre. Le Pape prit plaisir à entendre de sa propre bouche le récit de ses travaux dans le duché de Toscane, lui promit de maintenir les constitutions de la branche séraphique à laquelle il appartenait, et lui accorda, en le congédiant, la bénédiction apostolique. Le Bienheureux rentra, rayonnant de joie, au couvent de Saint-Bonaventure (1).

Le cardinal Barbérini, qui l'avait convoqué à Rome, était alors absent. Il y a de ces contretemps qui aboutissent, contre toute prévision, à un plus grand bien ; celui-ci fournit au puissant orateur l'occasion d'entrer en contact avec la société romaine. L'hospice de Sainte-Galla, une de ces institutions de bienfaisance qui abondent dans la capitale du monde catholique, eut les prémices de la prédication du Franciscain. Il se sentait heureux au milieu de ces petits, de ces humbles qu'il aimait, plein de compassion pour leurs souffrances, mais sans ménagement pour les vices qui se cachent sous les loques aussi bien que sous les habits brodés. L'affluence devint telle, au bout de quelques jours, qu'il se vit obligé de prêcher en plein air (2).

Ce premier succès en amena d'autres. Clé-

1. P. Raphaël de Rome, l. I, c. XII.
2. *Id.*, loc. cit.

ment XII, informé de ce qui s'était passé à
Sainte-Galla, manda l'intrépide missionnaire
près de lui et lui enjoignit de continuer son
apostolat dans quatre églises nommément désignées, Saint-Jean des Florentins, Saint-Charles
sur le Corso, Saint-Pierre-aux-Liens et Sainte-
Marie du Transtévère, c'est-à-dire aux quatre
coins de Rome. Un pareil ordre valait mieux
que tous les compliments et répondait mieux
aux désirs du Bienheureux, qui se mit à l'œuvre
sans plus de délai.

Les grandes chaires des capitales sont la
pierre de touche des demi-célébrités. L'auréole du serviteur de Dieu, loin de s'éclipser
dans la cité des papes, ne fit que s'enrichir de
rayons plus resplendissants. Au premier abord,
lorsqu'on le vit apparaître la tête ceinte d'une
couronne d'épines, les yeux baignés de larmes
et de sang, ou se déchirer les épaules avec des
lames de fer, on s'étonna. On s'étonna plus
encore de la vigueur apostolique avec laquelle
il attaquait les fausses doctrines du monde et
flagellait les désordres de la société. Mais chez
lui, le Saint irradiait l'orateur. L'orateur ne
tarda pas à être goûté de tous ; le Saint emporta
l'admiration. Les auditeurs nous ont laissé, du
reste, l'expression émue de leurs sentiments.
« C'est un apôtre, l'apôtre de notre temps (1) »,
déclare un Jésuite alors en renom, le P. Galuzzi.
Le témoignage du P. Barbérini, prédicateur du

1. P. Raphaël de Rome, l. I, c. XII.

palais apostolique, n'est pas moins explicite, et les circonstances lui donnent une valeur toute particulière. « Saint-Père, dit ce religieux à Clément XII, je suis allé, selon vos ordres, entendre le P. Léonard. Homme admirable, qui a le secret de toucher les cœurs ! Moi aussi, prédicateur blanchi sous le harnais, j'ai été attendri; moi aussi, j'ai pleuré (1). »

Les conversions innombrables qui atteignirent tous les rangs de la société nous fournissent un autre chef de preuve, le plus décisif de tous, en faveur de l'éloquence de notre Bienheureux. Là, comme à Livourne, bon nombre de jeunes filles, entraînées jusqu'au fond du précipice, par suite de la misère plutôt que de la perversité, réapprirent de sa bouche (et ce n'est pas le moindre de ses miracles) le chemin de l'honneur et du devoir. Sur son conseil, on bâtit, pour celles qui se trouvaient sans ressources, un de ces refuges où, sous l'influence du christianisme, les âmes déchues se réhabilitent et se transfigurent dans les larmes de la pénitence (2).

Nous nous en voudrions de ne pas consigner dans ces pages la fin héroïque de l'une de ces Madeleines. Pauvre, jeune et belle, elle avait, par malheur, une mère indigne qui, par le plus horrible renversement des lois de la nature, et poussée par le démon de la cupidité, l'avait elle-même livrée au mal. Cependant elle suivait

1. P. Raphaël de Rome, l. I, c. xii.
2. *Summarium*, p. 186.

les prédications du célèbre Franciscain à l'église
Saint-Charles sur le Corso. Le sermon sur le
vice impur la frappa au cœur. Elle conçut une
si vive horreur de ses dérèglements, qu'elle prit
la résolution d'y renoncer à jamais. Une fois
réconciliée avec Dieu, elle tint parole, résistant
à toutes les séductions comme à toutes les menaces. Son amant, éconduit, se vengea cruelle-
ment. Homme sans cœur, comme tous les
libertins, il s'embusqua dans la rue; et lorsqu'elle parut à la fenêtre, il la tua d'un coup
d'arquebuse. Elle emporta dans la tombe la
sympathie de toute la ville, qui ne considéra
plus en elle que la victime de la chasteté chrétienne (1). Qu'elle est belle, la religion qui tend
ainsi la main aux âmes déchues et qui place les
Madeleines purifiées à côté des vierges restées
toujours fidèles! Quelle puissance! Quel amour!
Et quelles marques irrécusables de sa divinité!

Outre la moisson d'âmes qu'il offrit au Roi
immortel des siècles, le serviteur de Dieu ré-
colta pour lui-même de précieuses et réconfortantes amitiés. Il ne les avait pas cherchées;
elles vinrent à lui. Nous en distinguons quatre
entre toutes : Marie-Clémentine, épouse de
Jacques III et reine d'Angleterre, une reine
sans trône; la duchesse Strozzi, dame d'honneur de Marie-Clémentine; une noble veuve
nommée Hélène Colonna : trois belles âmes
dont nous étudierons plus loin la correspon-

1. *Summarium*, p. 187; — P. Raphaël de Rome, l. I,
c. XII.

dance avec le Saint; et le P. Barbérini, capucin, prédicateur apostolique, plus tard Général de son Ordre et enfin archevêque de Ferrare. Le P. Barbérini et lui avaient la même conception de la vie religieuse, le même idéal; et le premier tenait le second en si haute estime qu'une fois nommé Général, il recommanda à tous ses religieux de le recevoir avec honneur, non comme un étranger, mais comme un frère (1).

Nous pourrions même ajouter que le Bienheureux fut honoré de l'amitié de Clément XII, qui le considérait comme un grand saint autant que comme un grand apôtre. Le vénérable Pontife, étant tombé malade, le fit venir près de lui et lui commanda de le bénir, avec sa Madone miraculeuse. Le Bienheureux lui obéit avec une charmante simplicité (2).

C'est ainsi que les consolations se mêlaient aux fatigues et les faisaient oublier. Commencées à Saint-Jean des Florentins, le 8 novembre 1730, les quatre missions de Rome se prolongèrent jusqu'au 15 mai de l'année suivante. La clôture fut imposante. Tout le quartier du Transtévère était là, debout, encombrant la place, les rues et les toits des maisons qui environnent l'église Sainte-Marie. Le Bienheureux fit de touchants adieux, puis disparut sans bruit, pour éviter les ovations que lui pré-

1. *Summarium*, p. 220. — Le P. Barbérini l'invita, en 1743, à prêcher une retraite au couvent de l'Immaculée-Conception (Rome).
2. P. Raphaël de Rome, 1. II, c. xvii.

paraient les Transtévérins, très attachés à leur missionnaire. Il était l'orateur de la cité des papes, comme il avait été celui de Florence.

Dans l'intervalle de ces quatre missions, il était allé à Vellétri et avait réussi à y rétablir la paix. Peu de temps après (1), il occupait la chaire du Panthéon, au centre de Rome.

Avec ces quelques travaux, nous sommes entrés dans la seconde phase de « sa campagne contre l'enfer ». Il va poursuivre cette campagne avec son ardeur accoutumée. Après la capitale des États pontificaux, il attaquera la province, et tout d'abord la Sabine, les Marais-Pontins, l'Ombrie, la Marche d'Ancône. Dans ces contrées, de mœurs si diverses, tout sera nouveau pour lui, sauf le but sublime qui nous donne la clef de son infatigable dévouement : la restauration du règne de Dieu. Les faits surabondent; nous nous contenterons de glaner çà et là quelques épisodes dont nous emprunterons le récit aux deux fidèles contemporains, le P. Raphaël de Rome et le Fr. Diégo de Florence.

1. Mai 1732 (*Summarium*, p. 132).

CHAPITRE XV

A Rome, le Bienheureux n'a eu à combattre
que la mollesse des mœurs, l'indifférence née
du souci prépondérant des intérêts matériels,
et une certaine recherche affinée du plaisir,
indice des civilisations en décadence. De même
à Florence, en y ajoutant les premières escar-
mouches contre le jansénisme et les sociétés
secrètes. Dans les Etats pontificaux, et surtout
au centre des montagnes, de l'Apennin bolonais aux Abruzzes et aux monts Albains, il
aura devant lui une population toute différente,
simple, frugale et laborieuse, mais sensible au
point d'honneur, prompte à la vengeance et
quelquefois dure jusqu'à la férocité : témoin ces
vendetta que saint Bernardin de Sienne lui-
même n'a pu parvenir à déraciner entièrement.
L'intrépide missionnaire va attaquer tous ces
défauts, à mesure qu'ils se présenteront sur son
chemin. Ses avis ne seront pas toujours
écoutés ; mais ils ne resteront jamais à l'état de
lettre morte.

A Sezzé, petite ville au nord des Marais-Pontins, un jeune débauché s'était raillé publiquement des menaces portées par les missionnaires
contre l'habitude du blasphème. Or, un jour

qu'il traversait la ville, au moment du sermon, il tomba de cheval. La chute fut mortelle, et sa langue, cette langue qui avait maudit, au lieu d'adorer, devint noire comme du charbon. Le Seigneur avait vengé l'outrage fait à son nom (1).

A Piperno, le Bienheureux abolit la coutume barbare des vengeances privées, cause de tant d'homicides; à Genzano, il se fait apporter les poignards et les brise; à Tagliacozzo, il fait disparaître un autre fléau non moins funeste, celui de l'usure. Une seule bourgade, située aux environs de Vellétri (les historiens ne la nomment pas), n'offrit à ses remontrances comme à ses exhortations qu'une indifférence glaciale. C'est peut-être le seul échec qu'il ait subi, au cours de sa longue carrière apostolique! Il en fut extrêmement peiné et prédit aux habitants que leur mépris pour le bienfait de la mission attirerait sur eux un châtiment qu'il aurait voulu leur épargner. Peu de jours après, en effet, la grêle dévasta leur territoire, et rien que leur territoire. La main de Dieu était-elle assez visible (2)?

En revanche, Viterbe, la patrie de l'angélique sainte Rose, lui réservait, après de rudes combats, d'incomparables consolations, auxquelles il fait allusion dans sa correspondance. « Vous

1. P. Raphaël de Rome, l. I, c. XIII; — *Summarium* (1731), p. 190.
2. *Summarium*, p. 192-198, année 1732. — Cf. P. Raphaël, l. I, c. XIII.

ne sauriez croire, écrit-il, avec quelle force la ville a été secouée (1). » Elle fut secouée, en effet, par la force même de celui qui gouverne les mondes et qui, pour éclairer les peuples, laisse éclater tantôt sa justice, tantôt sa miséricorde. La justice apparaît dans le fait suivant. La profanation du dimanche régnait d'une façon scandaleuse dans cette ville. L'ardent apôtre tonna contre cet abus et insista sur l'obligation de garder le repos, le dimanche et aux fêtes chômées. En dépit de ses conseils, une jeune fille se permit, le jour de saint Jean-Baptiste (2), d'aller travailler à la récolte du lin. A peine avait-elle arraché quelques tiges, qu'elle tomba raide morte. Le fait portait en lui-même sa leçon et servit de frein aux autres profanateurs.

Après la justice, la miséricorde; et ici se place la merveilleuse conversion d'un jeune Israélite, étranger à la ville et accouru pour entendre le Saint. Le sermon sur l'éternité l'avait si vivement frappé, qu'il avait résolu d'embrasser la foi catholique ; mais il voulait auparavant aller à Montefiasco vendre quelques marchandises. Il fut arrêté dès les premiers pas. Trois fois il essaya de franchir les portes de la cité; trois fois il se sentit repoussé par une main invisible. Etonné, effrayé, comme on l'est presque toujours en présence du surnaturel, il retourna sur ses pas, raconta au Bienheureux tout ce qui s'était passé et demanda à

1. *Œuvres complètes*, t. I, p. 424.
2. Fête alors d'obligation.

être instruit des vérités de la religion. L'apôtre écoutait ; son cœur tressaillait d'allégresse, allégresse à laquelle s'associèrent ses collaborateurs et bientôt toute la ville. L'enthousiasme était à son comble. La procession du crucifix et les autres manifestations de foi revêtirent un tel éclat, qu'un des témoins oculaires, la princesse de Piombino, s'écriait : « Quand je parlerai de ces fêtes à Rome, on ne me croira pas (1) ! »

Les contemporains enregistrent au fur et à mesure ce qu'ils ont vu, ce qu'ils ont entendu, et nous ne saurions révoquer en doute leur compétence ni leur véracité. Mais l'auteur principal, le héros de ces pacifiques exploits, fait mieux encore : en quelques traits vigoureux, qui sont autant de coups de pinceau, il décrit ses impressions personnelles, ou dépeint le caractère et les mœurs des habitants. Ecoutons-le résumer une de ses prédications au pays montueux de la Sabine.

« Voilà la mission de Monticelli terminée. Oh ! que nous avons eu de peine à ébranler ces cœurs d'airain ! Tous les esprits brouillons dont les noms nous avaient été remis, sont revenus à résipiscence, sauf deux hommes plus opiniâtres, dont on espère cependant dompter la

---

1. *Summarium* (1732), p. 196. — Cf. P. Raphaël de Rome, l. I, c. XIII. — Dans sa correspondance (*Œuvres complètes*, t. I, lettres 4ᵉ et 5ᵉ), le Saint fait allusion aux deux épisodes que nous venons de raconter, seulement avec quelques variantes sur l'épisode de la jeune fille.

résistance. La présence de l'évêque nous a beaucoup aidés. Hier, il présidait la conférence spéciale que j'ai faite aux prêtres et aux religieux. Les Monticellois sont des natures fières et dures; en voici un exemple. Quoique la mission fût ouverte, un scélérat est allé plusieurs fois, le mousquet au bras, guetter son ennemi, et ne le trouvant pas, est entré dans l'église, pendant le sermon, bien décidé à tirer sur lui, s'il l'apercevait. Quel scandale, s'il l'avait fait ! Mais non ; le sermon sur la sainte Vierge l'a désarmé. Il est venu se jeter à mes pieds, prêt à pardonner et à tout réparer, même au prix de sa fortune. Il s'est admirablement converti. Il en a été de même du chef de la famille des Mattéi et de sa femme, toujours après le sermon sur la sainte Vierge (1). »

Dans la ville d'Orté, en Ombrie, l'humilité du Saint eut à subir un rude assaut. L'évêque du lieu, Mgr Tenderini, l'attendait comme on attend un apôtre suscité d'en haut. Il ne voulut pas qu'il logeât ailleurs que dans son propre palais, et se mit tout d'abord en demeure de lui laver les pieds. « Non, non, je ne le souffrirai jamais, s'écria aussitôt le missionnaire, aussi confus qu'étonné. — Laissez-moi faire, lui dit le prélat : je vous l'ordonne, au nom de l'obéissance. » A ce nom d'obéissance, toute résistance cessa, et le vénérable évêque accomplit, les genoux en terre, son office de charité vis-à-vis

1. *Œuvres complètes*, Correspondance, t. I, p. 427, ad ann. 1733.

du P. Léonard et de ses compagnons (1).

Mgr Tenderini, ancien élève du Collège romain comme le héros de ce livre, était un de ces hommes de Dieu qui honorent la sainteté partout où ils la découvrent. Il voua une véritable affection au grand missionnaire et le retint pour Civita-Castellana, où nous retrouverons les deux amis.

A Frascati, le cardinal Corradini, voyant que le Bienheureux était exténué de fatigue, le pressa de prendre un peu de repos. « Du repos, répartit vivement l'apôtre. Je me reposerai au ciel. » Cependant il céda aux instances du prince de l'Église et s'arrêta une journée dans cette ville. « Une vraie journée de purgatoire (1) ! » écrit-il à un de ses confrères : tant il était dévoré du zèle de la maison de Dieu !

A Castel-Giorgio, il avait proscrit les dés, les cartes et les autres jeux de hasard : c'était la passion du pays, passion néfaste et difficile à guérir ! « Le P. Léonard a beau dire, s'écria un aubergiste, il ne m'empêchera pas de jouer ! » A peine a-t-il proféré ces paroles, qu'il s'affaisse, frappé d'apoplexie : il était mort ! Terrible avertissement pour les autres joueurs (2) !

Le bon exemple est contagieux, aussi bien que le mauvais. A Orviéto, nous voyons l'évêque marcher sur les traces de l'humble

1. P. Raphaël de Rome, l. I, c. XIII ; — et *Summarium* (1735), p. 203.

2. *Œuvres complètes*, Correspondance du Saint, t. I, p. 451.

Franciscain ; il assiste pieds nus, une couronne d'épines sur la tête, à la procession de pénitence ; après le sermon sur la sainte Vierge, il va baiser les pieds des chanoines, avec qui il était depuis longtemps en désaccord. Les chanoines se prosternent à leur tour devant son trône ; et ce double acte d'humilité suffit à apaiser le différend, à la grande édification de la ville (1).

Civita-Castellana, seconde ville du diocèse d'Orté, nous remet en présence de Mgr Tenderini, nom que le Fr. Diégo ne prononce jamais qu'avec un profond sentiment d'admiration attendrie. Étant tombé gravement malade, au commencement de la mission, il pria le P. Léonard de venir tous les matins célébrer la messe dans sa chapelle épiscopale et lui donner la sainte communion. Le missionnaire, de son côté, ne quitta ce poste d'honneur et ne cessa de recommander le pontife aux prières des fidèles, que lorsque tout péril eut disparu (2).

C'est sur ce touchant épisode que s'achève l'année 1735. L'infatigable apôtre ouvrait l'année suivante par une grande mission donnée dans l'antique cité de Civita-Vecchia, et passait de là à la flottille pontificale, mouillée dans le port

1. *Œuvres complètes*, Correspondance du Saint, t. I, p. 450. — Cf. *Summarium*, p. 203.

2. *Summarium*, p. 204. — Le Saint eut encore la consolation de visiter une autre fois Mgr Tenderini sur son lit de douleur. Après sa mort (1739), il rendit un magnifique témoignage à la mémoire du vénérable prélat. — V. Tavani, *Mgr Tenderini*, Rome, 1870.

et les eaux de la baie. C'est la seule retraite de
ce genre que nous connaissions : ce ne fut ni la
moins mouvementée ni la moins consolante.
C'est lui-même qui nous en avertit, dans une
missive qu'il adresse à l'un de ses confrères.
« Hier, lui écrit-il, j'ai prêché aux forçats détenus
dans la forteresse, peu nombreux du reste.
Dès le premier sermon, tous se sont convertis ;
tous se sont confessés. J'ai eu affaire à deux
convertis déjà relâchés, le roi de Maroc, si je ne
me trompe (1), et un corsaire qui a exercé pendant dix ans le métier de pirate. Cependant j'ai
été très satisfait, même de ces deux relaps,
parce que j'ai vu que leur émotion était sincère.
Nous sommes allés ensuite, sur l'invitation du
commandant, visiter un navire anglais, et nous
avons trouvé à bord trois ou quatre hérétiques
qui, ayant assisté aux sermons de la retraite,
semblent tout disposés à revenir à la religion
de leurs ancêtres. Ils connaissent à peine l'italien, et l'on sent ici plus que jamais que c'est
une force invisible qui remue les âmes. Hier soir
un Turc est venu me trouver, pleinement résolu,
dit-il, à embrasser la foi catholique ; mais il ne
faut pas ajouter foi trop vite aux gens de son
espèce ! En somme, on récolte de beaux épis.
— Demain, nous commencerons la mission des

1. Nous ignorons quel est ce personnage. L'*Histoire de
l'Église* (Darras, t. XXXVIII, p. 601) parle d'un neveu
du roi de Maroc, Mulay Abder Rahman, solennellement
baptisé à Saint-Pierre, par le cardinal Guadagni, sous le
règne de Clément XII. Peut-être est-ce le même personnage.

marins. Salut au Père Directeur. Qu'il fasse prier pour nous. Vive Jésus (1) ! »

La fin répondit aux pronostics du zélé missionnaire. La flottille était vraiment transformée. Plus de blasphèmes ni de paroles obscènes ; on n'entendait plus, à travers la voilure des navires, que les ordres du commandant, le chant des cantiques ou, dans l'ombre, les sanglots des convertis. La retraite durait déjà depuis seize jours. Le dix-septième, c'était fête partout à bord ; les vaisseaux étaient pavoisés aux couleurs pontificales ; tous les visages rayonnaient d'allégresse. La baie avait une animation extraordinaire, et la mer était couverte de barques légères, montées par des cardinaux, des gentilshommes et des milliers de personnes, désireuses d'assister à la cérémonie de clôture. La mer a, dans ces circonstances, un attrait spécial, l'attrait du grandiose et de l'immense ! Le Saint, debout sur la poupe de la corvette du commandant, harangua une dernière fois cette foule attentive et termina les adieux par la bénédiction pontificale. Spectacle ravissant ! C'était comme une vision du divin Rédempteur prêchant aux Galiléens sur le lac de Génézareth (2) !

Le missionnaire, retourné à Rome, s'empressa de rendre compte au Souverain Pontife

1. Lettre au Fr. Étienne d'Urbino, en date du 25 janvier 1736. Correspondance, t. I, p. 457.

2. *Summarium*, p. 204 ; — P. Raphaël de Rome, l. I, c. XIV.

du bien qui s'était fait, s'exprimant avec cette grandeur des saints, qui ne supposent pas qu'il y ait pour eux, dans leurs œuvres, le moindre sujet d'amour-propre ni d'orgueil. Puis il sollicita du Saint-Père (c'est là qu'on reconnaît le disciple de saint François) quelques améliorations concernant le bagne et les forçats (1).

Peu de temps après, il fut élu, à l'unanimité et bien malgré lui, Supérieur du couvent Saint-Bonaventure. C'était un honneur rendu à son mérite, mais aussi une charge qui s'accordait mal avec sa vocation de missionnaire. Il finit par obtenir de Clément XII, en 1737, un bref qui le relevait de toute prélature, fut remplacé par un de ses compagnons habituels, le P. Jérôme de Pompéiana, et reprit avec plus d'entrain que jamais le cours de ses missions apostoliques (2) : semblable au vaisseau qui gonfle ses voiles et vole sur les ondes, au souffle des vents. Seulement le souffle des vents. pour notre Bienheureux, c'est l'obéissance. En moins de trois ans (1737-1740), il court de Pésaro à Fano, d'Ancône à Riéti, et descend dans le royaume de Naples jusqu'à l'abbaye du Mont-Cassin.

Signalons, en passant, la réception originale que lui fit l'évêque de San-Sévérino. Jouant sur le nom du missionnaire, il lui dit : « Vous êtes un *lion*. Rugissez donc contre les vices qui dé-

1. *Summarium,* p. 204.
2. *Ibid.,* p. 207.

vorent mon troupeau (1). » Cette explication étymologique ne déplut pas à l'humble Franciscain, et les faits prouvèrent qu'il était vraiment l'Envoyé de Celui dont il est dit : « Il est vainqueur, le Lion de la tribu de Juda. »

A la puissance de la parole s'ajoutait fréquemment celle du miracle. Le Saint l'avoue lui-même dans une lettre confidentielle que nous reproduisons un peu plus loin. Seulement, il attribue à l'intercession de saint Vincent Ferrier toutes ces interventions directes de la Providence. « Saint Vincent Ferrier, écrit-il, *multiplie les prodiges* en notre faveur (2). » Il ne sera pas inutile de citer deux ou trois de ces phénomènes surnaturels, pris au hasard, pour montrer comment le thaumaturge venait en aide à l'apôtre.

A Ancône (1739), Sœur Marie Rosalba, religieuse de l'abbaye de Sainte-Palazie, souffrait depuis trois ans de douleurs intercostales très aiguës et rebelles à tout remède. Le serviteur de Dieu vient la visiter, et pendant qu'il la confesse, les souffrances sont comme suspendues. On eût dit qu'il portait le paradis avec lui. Dans l'après-midi, il retourne à l'abbaye pour continuer les confessions, prie Marie Rosalba de descendre à la chapelle et lui annonce que les mérites et l'intercession de saint Vincent Ferrier, jetés dans la balance de la miséri-

1. P. Raphaël de Rome, l. I, c. xv.
2. Lettre à Mgr Crescenzi (*Œuvres complètes*, t. I, p. 483).

corde divine, lui ont obtenu ce qu'elle désire, une guérison radicale et complète. « Allez maintenant rendre grâces à Dieu, ajoute-t-il, et prouvez votre reconnaissance en travaillant à votre sanctification (1). »

A Matélica, dans la Marche d'Ancône (1740), c'est le tour d'une mère de famille, Françoise Benigni, atteinte de cécité depuis plusieurs années. Son mari, son fils et elle, famille ouvrière peu fortunée, mais très chrétienne, attendent le missionnaire sur son passage, au milieu d'une rue qu'il doit nécessairement traverser pour sortir de Matélica. Dès qu'ils l'aperçoivent, tous les trois se jettent à ses genoux, et la pauvre aveugle crie à haute voix : « Père, ayez pitié de moi ! Père, guérissez-moi, afin que je puisse gagner ma vie ! » En face d'une foi si vive et d'une pareille détresse, le Bienheureux se sent touché jusqu'au fond de l'âme. « Récitez un *Ave Maria* », dit-il. Puis il approche sa petite Madone miraculeuse des lèvres de l'infirme, et poursuit sa route. A l'instant, les yeux de l'aveugle s'ouvrent ; et alors, hors d'elle-même et ivre de joie, elle court à l'église de la Trinité se prosterner devant une statue de la Reine des Anges, pour la remercier à son aise et reconnaître publiquement sa dette, cette dette de la reconnaissance qui dure autant que la vie (2).

Ces miracles et les autres faits analogues

1. P. Raphaël de Rome, l. II, c. XIX.
2. *Ibid.*

n'ajoutent pas seulement au verbe de l'orateur un prestige incomparable ; ils affermissent les peuples dans la persuasion que le prédicateur est un Envoyé de Dieu et que sa doctrine n'est que l'écho de celle de l'Évangile.

Bien plus, à San-Germano, où l'a appelé l'abbé du Mont-Cassin (janvier 1740), le Très-Haut daigne sanctionner par un prodige la méthode même du « grand missionnaire ». On s'était moqué des innovations de ce dernier, et surtout du *glas du pécheur*. Il ne cherche point à se justifier ; mais à l'heure indiquée, la grosse cloche sonne d'elle-même, pendant une demi-heure, et sans qu'on puisse l'arrêter. Ses adversaires sont confondus, ou plutôt ils sont devenus ses admirateurs. Lui-même, dans une lettre à un avocat de Rome, rappelle non seulement le fait, mais encore les motifs de cette innovation. « Je vous envoie, sous ce pli, lui écrit-il, l'attestation de l'événement miraculeux de San-Germano... J'ai désiré avoir cette pièce officielle, pour m'en servir à l'occasion, afin que les pécheurs se convertissent plus facilement au son de la cloche. *Ce moyen a coutume de faire impression sur les cœurs les plus endurcis* (1). »

On le voit, le thaumaturge affirme sans hésitation la présence du surnaturel, comme s'il parlait d'un autre. Il s'efface devant un autre, en effet, et cet autre est un des géants de l'apostolat, saint Vincent Ferrier, qu'il s'est choisi

___

1. *Œuvres complètes*, Correspondance, t. 1, p. 481. — Cf. P. Raphaël de Rome, t. I, c. xv ; — et *Summarium*, p. 216.

pour patron, ainsi qu'il le déclare dans une épître dont Mgr Crescenzi, nonce à Paris, est le destinataire, et où il lui rend compte de sa campagne dans la Marche d'Ancône, de mai à octobre 1740.

« En cinq mois, nous avons fait dix missions... Elles ont été bénies de Dieu. Elles ont eu lieu à Nocéra, Gualdo, Gubbio, Sassoferrato, Montecchio, San-Sévérino, Tolentino, Porto di Fermo, Monte-Filatrano et Lorette. Partout nous avons trouvé de graves désordres; partout aussi, au mal nous avons opposé des remèdes énergiques. Saint Vincent Ferrier, que j'ai choisi pour mon patron spécial depuis plusieurs années, nous est d'un puissant secours. Il multiplie les prodiges en notre faveur et nous attire les multitudes. Je ne saurais trop vous engager à vous mettre tout particulièrement, vous aussi, sous son patronage ; vous y gagneriez toute sorte de faveurs précieuses (1). »

Au milieu des péripéties de cette campagne de cinq mois, dont il a tracé à grands traits le caractère, le Bienheureux est surpris par un grave événement qui va précipiter son retour dans la Ville éternelle.

1. *Œuvres complètes*, Correspondance, t. I, p. 483.

CHAPITRE XVI

RETOUR A ROME (1740-1743)

Le 17 août 1740, le conclave, réuni à Rome pour désigner le successeur de Clément XII, élisait, après de longues tergiversations, le célèbre cardinal Lambertini, qui devait illustrer le nom de Benoît XIV. Théologien de premier ordre, protecteur des savants et lui-même très érudit, pontife intègre et passionné pour la liberté de l'Église, il allait mériter l'estime de tous, même des protestants et des schismatiques, sauf les jansénistes. Voltaire lui-même lui dédie sa tragédie de Mahomet et rend ainsi un hommage public à la supériorité de ses talents (1).

L'apôtre franciscain était à Tolentino, lorsqu'il apprit cette heureuse nouvelle. Il en ressentit une joie extrême ; car il était persuadé que cette magnifique intelligence qu'était le cardinal Lambertini, était plus capable que tout autre d'enrayer le mouvement pseudo-

---

1. Voltaire écrivit au-dessus du portrait du pape le distique suivant :

Lambertinus hic est, Romae decus et Pater orbis
Qui mundum scriptis docuit, virtutibus ornat.

En Angleterre, Jean Pitt et le fils du ministre Walpole, quoique protestants, lui élevèrent des statues dans leurs hôtels.

philosophique de l'époque. Dès qu'il eut terminé
« sa longue campagne de cinq mois dans la
Marche d'Ancône, », il redescendit rapidement
vers Rome, y arriva dans le courant d'octobre 1740, et courut présenter ses hommages au
nouveau Pape. « Saint-Père, lui demanda-t-il
vers la fin de l'audience, j'ose vous prier hum-
blement de me dire si je dois continuer ma vie
de missionnaire, ou bien me retirer dans la
solitude du cloître et me préparer à la mort. »
Benoît XIV leva les yeux au ciel, comme pour
y chercher une réponse ; puis il répartit : « Mon
fils, vous êtes le soldat du Christ ! Un soldat
doit mourir les armes à la main. Nous voulons
qu'il en soit ainsi pour vous, et tout d'abord
que vous prépariez le peuple romain à profiter
de la grâce du Jubilé (1). »

Le Bienheureux sortit enchanté de cette
audience et s'empressa de transmettre ces premières impressions, dans toute leur fraîcheur,
à son vénérable ami, Mgr Crescenzi. « Dieu a
fait un coup de maître, au milieu des difficultés
du conclave, lui écrit-il : il nous a donné un
Pontife selon son cœur ; car il est plein d'excel-
lents sentiments, et l'on attend beaucoup de lui
pour le bien général de l'Église... Il est ami des
missions, et déjà il a dit à mon frère qu'il a

1. P. Raphaël de Rome, l. I, c. xv. — Saint Léonard
avait le titre de *missionnaire apostolique*. Les biographes
ne nous disent pas quel est le pape qui le lui conféra.
Ce n'était pas alors un titre purement honorifique ; il
plaçait les bénéficiaires sous la dépendance immédiate
du Souverain Pontife, en ce qui concerne la prédication.

dessein de m'envoyer à Bologne (1). Il m'a
ordonné à moi-même de ne faire des missions
que dans les États pontificaux, sans égard pour
les autres demandes (2). »

Le 11 novembre 1740, Benoît XIV publiait
l'encyclique *Lætiora apostolicæ* ; il accordait un
Jubilé de faveur, à l'occasion de son avènement,
selon la coutume de ses prédécesseurs, et posait, en tête des conditions, une adhésion plénière et formelle à la bulle *Unigenitus*. C'était
le signe des temps. Deux jours après, notre
Bienheureux sortait, tout enflammé du feu
sacré, de sa retraite de Saint-Bonaventure, et
inaugurait ses prédications jubilaires aux
Douze-Apôtres, selon le programme pontifical,
pour les continuer à Saint-Charles sur le Corso,
à Sainte-Marie du Transtévère, à Saint-Pierre-
aux-Liens et à Saint-Jean des Florentins. Son
auditoire se composait en partie d'étrangers,
accourus à Rome pour gagner l'indulgence
plénière du Jubilé ; mais l'affluence ne fut pas
moindre, ni les conversions moins nombreuses
qu'à la mission de 1730. La clôture eut lieu sur
la place Navone, et l'apôtre fut autorisé, par
une faveur personnelle, à y donner la bénédiction papale. Bien plus, au lendemain de ces
fêtes, le Pontife romain daignait lui accorder
une audience particulière, le féliciter de la
rénovation religieuse dont il était le principal

1. Patrie du pape.
2. La lettre est datée de Rome, 1ᵉʳ novembre 1740. —
V. *Œuvres complètes*, t. I, p. 483.

facteur, puis assigner un nouveau champ aux efforts de son zèle (1).

Le Bienheureux est ainsi, entre les mains de la Papauté, une de ces « flèches choisies » qu'elle lance au moment opportun contre les différentes formes du paganisme sans cesse condamné et sans cesse renaissant. De 1741 à 1742, il évangélise Terracine, ville frontière des États ecclésiastiques, descend jusqu'à Gaëte, remonte jusqu'à Riéti et parcourt la Campagne romaine, notamment les environs de Terracine, de Palestrina et de Tivoli. Les deux missions de Terracine et de Gaëte méritent, pour leur importance, une mention spéciale.

Le rapport de Mgr Oldi, évêque de Terracine, est presque identique à celui du curé de Saint-Roch de Pistoie. Nous n'en extrayons que ce qui imprime à cette mission un cachet d'originalité. « Le succès a été tel, écrit le prélat, que de mémoire d'homme on n'a jamais rien vu de semblable, ni pour l'affluence ni pour l'esprit de componction... On n'entendait parler que de confessions générales, de réconciliations et de restitutions. Au moment du départ du Père, on a tiré le canon de la forteresse, comme on a coutume de le faire pour les cardinaux et les grands d'Espagne. Il a confirmé ici la réputation dont il jouissait déjà, d'être vraiment un homme de Dieu. On le regarde comme un saint; c'est l'opinion commune, c'est également la

1. *Summarium*, p. 222.

mienne. Deux fois je lui ai demandé à genoux sa bénédiction, en présence de ses compagnons. Vous pouvez faire légaliser ma lettre, pour la conserver; car on ne sait pas ce que nous réserve l'avenir, et l'on ne rencontre pas tous les jours des ouvriers évangéliques de cette trempe-là (1). »

Terracine avait, dès le principe, acclamé l'Envoyé de Dieu; Gaëte offrit d'abord une certaine résistance. C'était alors un des ports les plus considérables du royaume de Naples et le siège d'une garnison de cinq mille hommes, commandés par cent cinquante officiers. Les fêtes du carnaval allaient s'ouvrir; la ville était toute remplie de préparatifs, et les officiers, pour plaire à la société, avaient fait venir jusque de Naples des musiciens et des chanteurs. Une mission, en pareille occurrence, leur parut plus qu'un fâcheux contre-temps, et la plupart d'entre eux murmurèrent contre la venue du missionnaire. Celui-ci, averti de leurs projets et de leur mécontentement, montra qu'il savait, à l'occasion, user d'une grande réserve. Il affirma qu'il n'était pas venu pour contrecarrer leurs divertissements; il les invitait seulement à prendre part aux exercices de la mission.

Dès les premiers jours, la cathédrale de Saint-Erasme était comble, et la ville profondément remuée. Le troisième jour, les officiers voulurent, conformément à leur programme,

1. Lettre au Père Gardien de Saint-Bonaventure, 24 janvier 1741. (P. Raphaël de Rome, l. I, c. xv).

donner une soirée aux dames de la société. Il n'y en eut que trois, et encore trois vieilles, à s'y rendre. Ils s'avouèrent battus et comprirent qu'ils n'avaient rien de mieux à faire que de suivre l'entraînement général. Ils allèrent plus loin : ils chargèrent le capitaine des grenadiers de présenter leurs excuses au célèbre Franciscain, et réparèrent noblement « un instant d'opposition ». Il n'eut pas, dans la suite, d'auditeurs plus assidus ni d'admirateurs plus sincères. Tous donnèrent l'exemple de la fidélité aux pratiques chrétiennes ; l'un d'eux alla même jusqu'à l'héroïsme. Dans son sermon sur la sainte Vierge, l'apôtre avait, selon sa coutume, insisté sur la nécessité du pardon des injures, puis était aller baiser les pieds de l'évêque et des prêtres. A cette vue, le commandant de la place, touché jusqu'aux larmes, se détache du corps des officiers, se dirige vers l'évêque, avec lequel il était depuis longtemps déjà en délicatesse, et lui baise la main, à la grande joie du prélat, à l'édification de l'assistance (1).

Les cœurs étaient gagnés, à tel point qu'il fallait constamment une garde autour du Bienheureux pour le protéger contre les démonstrations indiscrètes. Cependant il y eut des exceptions, dont une plus retentissante. Dans son discours sur le délai de la conversion, il avait eu une soudaine illumination et s'était écrié : « Le cœur me dit qu'il y a, dans l'auditoire, un

1. P. Raphaël de Rome, l. I, c. xv ; — et *Summarium*, p. 223.

pécheur qui refuse de rentrer en lui-même. S'il s'obstine dans sa révolte, c'en est fait de lui : cette nuit même il recevra le salaire de ses prévarications. » Dans la nuit, en effet, le pécheur scandaleux que le Saint visait en esprit et qui avait méprisé tous les avertissements, fut emporté par une mort foudroyante qui portait tous les caractères d'un châtiment. La population avait été extrêmement impressionnée du ton prophétique de l'orateur; elle le fut plus encore de la réalisation de la prédiction (1). »

On devine le résultat d'une prédication si émouvante : la foi réveillée dans les esprits, un esprit nouveau répandu dans l'atmosphère, et la cité tout entière transfigurée par l'action de la grâce (2).

Après le discours de clôture, les officiers joignirent leurs instances à celles de l'évêque pour prier le Saint de prolonger son séjour parmi eux et de continuer le bienfait de la mission sous une autre forme, par les exercices d'une retraite spirituelle; mais il s'était promis à Sermoneta, et il consentit seulement à consacrer un ou deux jours au soin des soldats malades ou aux arrêts. Puis il partit pour Sermoneta, le cœur tout embaumé des souvenirs que lui avaient laissés la cité et la garnison de Gaëte (3). On sent, rien qu'à lire les rapports de l'archidiacre

1. *Summarium*, p. 224.
2. Rapport de l'archidiacre Conca. (P. Raphaël de Rome, l. I, c. xv.)
3. *Summarium*, p. 225.

Conca et la déposition du Fr. Diégo, que la mission de Gaëte a tracé un sillon plus lumineux dans l'histoire religieuse de cette ville, aussi bien que dans l'existence du Franciscain.

Vers la fin de ses travaux apostoliques dans la Campagne romaine, le Bienheureux éprouva une consolation dont ses historiens s'empressent de nous faire part. Il se trouvait à Cavi, près de Palestrina. Un artiste de Conca, voyant son exquise dévotion pour la Reine du ciel, lui fit présent d'un médaillon représentant la Mère de Dieu avec l'Enfant Jésus dans ses bras. Le missionnaire accepta avec reconnaissance. Les traits de la Vierge étaient si doux, si purs, qu'il la surnomma la *Madone du bel amour* et qu'il se fit un bonheur, à partir de ce jour, de l'emporter avec lui dans toutes ses pérégrinations (1).

Voilà bien le chevalier de Marie. Voici maintenant le fils de Casanova. Dans l'intervalle de ses prédications, nous dit le Fr. Diégo, une douloureuse nouvelle vint le surprendre dans la solitude de Saint-Ange de Montorio, la nouvelle de la mort de son frère Antoine, décédé à Saint-Bonaventure. Il était trop loin pour pouvoir lui rendre ses derniers devoirs. Il commença par pleurer ; c'était le cri de la nature, car il aimait tendrement son frère. Puis la grâce l'emporta, et il s'abandonna totalement à la sainte volonté de Dieu (2).

1. P. Raphaël de Rome, l. I, c. xv.
2. *Summarium*, p. 226.

Au mois de novembre 1742, il fut rappelé à Rome par le Souverain Pontife, qui lui confia la direction de deux nouvelles missions dans les basiliques des Douze-Apôtres et de Saint-Laurent-hors-les-murs. Il assista ensuite, à ses derniers moments, un de ses amis, le marquis Vincent Nunez, plus fortuné sous ce rapport que le P. Antoine Casanova. « Père 'Léonard, lui dit le marquis après sa confession générale, je remets mon âme entre vos mains. — Et moi, répliqua le Saint, je la remets entre les mains de Dieu. »

A ces mots, un sourire de résignation céleste effleure les lèvres du malade, et il expire doucement. Fin consolante et qu'on serait tenté d'envier! N'est-il pas écrit : « Bienheureux ceux qui meurent dans la paix du Seigneur! »

Benoît XIV, sentant ce qu'il y avait de puissance dans un apôtre tel que le P. Léonard de Port-Maurice, avait eu l'intention de se le réserver pour les États ecclésiastiques ; mais ayant la sollicitude de toutes les Églises, il ne crut pas devoir résister aux instances du doge et du Grand-Conseil de Gênes, c'est-à-dire de la patrie du Saint, et consentit à se priver, pour un temps, de la présence de son missionnaire préféré.

1. P. Raphaël de Rome, l. I, c. xv.
2. *Ibid.*

CHAPITRE XVII

Au point de vue esthétique, Gênes était à peu près, au xviiie siècle, ce qu'elle est aujourd'hui. Avec son dôme majestueux, ses palais de marbre blanc, ses jardins embaumés se superposant les uns aux autres sur le versant doucement incliné des montagnes, son beau ciel, son port mouvementé et sa vue sur la mer Tyrrhénienne, elle méritait déjà l'épithète de *superbe* qui sert à la distinguer. Mais sous le rapport politique, tout diffère. Gênes était alors la capitale d'une république oligarchique, soutenue par la France, pendant que Venise, sa rivale, était combattue par les Bourbons et penchait vers son déclin. La noblesse seule était admise dans les deux Conseils de la nation; un doge, élu pour deux ans, et deux sénateurs constituaient la Junte gouvernementale (1).

Le territoire sur lequel s'exerçait l'empire de Gênes était relativement restreint; il comprenait seulement la Rivière du Ponent, dont faisait partie Port-Maurice, la Rivière du Levant, le marquisat de Finale et le royaume de Corse. Mais, puissance maritime, elle possédait de nombreux comptoirs dans les Échelles du

1. Cette constitution était l'œuvre de l'amiral André Doria (1528).

Levant, et son influence commerciale s'étendait au loin.

Le fils de Dominique Casanova salua, en passant, le doge de la République génoise, fixa l'époque de la mission pour la capitale, puis fit voile immédiatement pour Port-Maurice, où il était attendu. Qui dira quelles furent les émotions qui agitèrent son cœur, lorsqu'il découvrit, se profilant sur l'horizon bleuâtre de la côte ligurienne, la blanche coupole de la collégiale Saint-Maurice? Ce simple regard ne dut-il pas éveiller en lui tout un vol de souvenirs et de deuils? Deuil de son père, mort en 1721, sans qu'il fût là pour lui fermer les yeux (1). Souvenirs de la maison paternelle, qu'habitait un de ses frères, le seul qui fût resté dans le monde! Puis la ville, sa ville natale qui l'avait chassé trente-quatre ans auparavant, comment l'accueillerait-elle? Mais les conditions n'étaient plus les mêmes. Il revenait précédé d'une réputation universelle d'orateur et de saint : il revenait le front enguirlandé de miracles. Aussi la vieille cité eut-elle à cœur de faire oublier à l'apôtre les injures adressées au réformateur. Dès que les marins aperçurent les voiles de sa felouque, ils se jetèrent à l'eau et la ramenèrent triomphalement au rivage. Ses compatriotes, massés sur les quais, lui firent une ovation qui, dans sa simplicité, éclipsait celles des triomphateurs antiques, parce qu'elle était fondée sur des

1. *Summarium*, p. 815.

motifs meilleurs : l'amour et la vénération.

On avait hâte de l'entendre. On dressa un autel en plein air, en dehors de l'enceinte de la ville, pendant qu'un velum immense protégeait l'estrade et une partie de l'assistance contre les ardeurs du soleil de juillet (1743).

Le surnaturel, au témoignage du Fr. Diégo, accompagna le fils de Casanova dans sa patrie. Au moment de la prédication survint un de ces orages fréquents aux bords de la mer. L'auditoire fut épouvanté; déjà les premiers rangs étaient ébranlés. « Ne craignez rien, cria le Bienheureux; invoquez saint Vincent Ferrier, le protecteur de nos missions, et il ne vous arrivera aucun mal. » A sa voix, les fuyards s'arrêtèrent; et à peine eût-on récité un *Pater* et un *Ave* en l'honneur du thaumaturge espagnol, que les nuages se dissipèrent, poussés au loin par une main invisible. De nombreuses conversions vinrent dédommager l'apôtre de ses veilles et de ses fatigues. Il n'oublia pas sa sœur, nous dit le Fr. Diégo, et il alla prêcher une retraite au monastère des Dominicaines, où elle avait fait profession (1).

A Gênes, la réception, ayant un caractère officiel, eut quelque chose de moins spontané qu'à Port-Maurice. Cependant la population ne fut pas moins enthousiaste, ni la moisson moins fructueuse. Nous en avons un témoignage irrécusable dans les deux décisions suivantes de la

1. *Summarium*, p. 235.

Junte. On érigea un monument commémoratif à Bisagno, sur l'emplacement même de l'estrade d'où le Bienheureux avait parlé et donné la bénédiction papale. C'était un Calvaire en marbre blanc et noir, surmonté de trois croix et portant en épigraphe l'oraison jaculatoire familière au Saint : « Mon Jésus, miséricorde. » De plus, la Junte fit graver le monogramme du Christ sur bronze doré, le posa sur une des portes de la ville, au son de toutes les cloches, au bruit des salves d'artillerie, et prescrivit à toutes les villes fortifiées de la République de suivre l'exemple de la capitale (1). La législation était encore chrétienne à cette époque, et l'on ne croyait pas que l'affirmation publique du Symbole fût indifférente à la prospérité des nations.

Pendant qu'on préparait ces deux fêtes, une missive pontificale enjoignait à notre Bienheureux de se rendre à Nice, port de mer qui dépendait alors de la maison de Savoie. Toujours prompt à l'obéissance, il fit voile, avec ses confrères, le 17 octobre 1743, vers les côtes de la Provence. A Nice, les missionnaires attendirent cinq jours l'arrivée de l'évêque. Quelle ne fut pas leur surprise, lorsqu'à la première entrevue, il leur dit d'un ton plein de morgue : « Qui vous a priés de venir ici ? — Vous-même, Monseigneur », répartit l'apôtre, et il déploya sous ses yeux les pièces officielles dont il s'était muni : une demande écrite de la main du prélat,

1. P. Raphaël de Rome, l. I, c. xv.

la lettre approbative de Benoît XIV et l'autorisation formelle de Charles-Emmanuel, roi de
Sardaigne et de Savoie. L'évêque, confus et
humilié, dissimula mal son dépit. Il se montra
si exigeant vis-à-vis des missionnaires, que le
Bienheureux ne put se faire aucune illusion sur
sa mauvaise volonté. « Monseigneur, reprit-il
doucement, notre Règle nous défend de prêcher
contre le gré des évêques ou sans leur assentiment. » Et il se retira avec ses collègues (1).

Au sortir du palais épiscopal, ses compagnons ne purent s'empêcher de se plaindre
d'une réception si dénuée de franchise et si peu
justifiable. « Dieu soit béni ! répondit-il. Cette
épreuve nous est très salutaire : elle rétablit
l'équilibre. Les applaudissements et les acclamations de Gênes auraient peut-être fait naître
dans notre esprit des pensées d'orgueil et de
vaine complaisance. Ici, on pose un contre-
poids : on nous chasse, et l'on nous fournit de
la sorte l'occasion de pratiquer l'humilité (2). »

Les missionnaires se rembarquèrent immédiatement pour Gênes, non sans faire escale à
Ventimiglia, où le Bienheureux prêcha la vêture
d'une de ses nièces (3).

Pendant ce temps-là, l'Europe était en feu.
La mort de Charles VI, en 1740, avait ouvert la

1. *Summarium*, pp. 239 et 864. — Voir la lettre d'autorisation de Charles-Emmanuel, *Œuvres complètes*, t. I,
p. 501.
2. *Summarium*, p. 864.
3. *Ibid.*, p. 240.

question de la Succession d'Autriche et dé-
chaîné le fléau de la guerre : guerre immortali-
sée par le cri sublime de la Hongrie : « Mourons
pour notre roi Marie-Thérèse! » La que-
relle entre les cabinets de Vienne et de Paris
avait réveillé toutes les ambitions. La France
et l'Autriche envahissent l'Italie; Gênes s'allie
aux Bourbons par le traité d'Aranjuez (1745),
et leur facilite le passage en Lombardie; le roi
de Sardaigne, Victor-Emmanuel, élève des pré-
tentions, en dépit des clauses du traité
d'Utrecht, sur la possession du marquisat de
Finale. Le conflit européen ne se dénouera qu'au
traité d'Aix-la-Chapelle (1748); mais en attendant, le royaume de Corse, soulevé par un
aventurier westphalien, le baron Théodore de
Neuhoff (1), est en pleine insurrection, oscillant
entre cet aventurier, la France et l'indépendance nationale, et cherchant par-dessus tout à
échapper à la domination génoise.

La Corse était le plus riche fleuron de la couronne des doges de Gênes (2). Il fallait à tout
prix la garder; il fallait presque la reconquérir.
Mais comment? Dans ces perplexités, la Junte
jeta les yeux sur le fils de Casanova. C'était
supposer qu'il réunissait toutes les qualités
requises pour une médiation si difficile, et qu'il

1. Cet aventurier mourut à Londres, en 1756, obscur
et oublié.
2. Après la chute de l'empire romain, la Corse changea
constamment de maîtres. Les Pisans s'en emparèrent
en 1070 et les Génois en 1348.

était à la fois patriote, orateur et homme d'État. La Junte ne se trompait pas, et Benoît XIV contresigna cette appréciation, en approuvant sans restriction le choix qu'elle avait fait.

Les saints n'aiment rien tant, après la patrie céleste à laquelle ils aspirent, que la patrie temporelle où la Providence a posé leur berceau. Mais, prospère ou malheureuse, ils l'aiment à leur manière, qui est la vraie. Toutes leurs démarches, toutes leurs actions tendent à y affermir ou à y restaurer le règne de Dieu, qui n'est autre chose que le règne de la justice et de la vérité, parce qu'ils savent la justesse de cette sentence des Proverbes : « La justice élève les nations ; l'iniquité les abaisse. » Telles étaient bien les pensées du fils de Casanova. Combattre les passions qui dégradent ou qui divisent, lui paraissait encore la meilleure manière de servir sa patrie.

Il s'embarqua le 21 mai 1744 sur le *Soccorso*, à destination de Bastia. Pendant la traversée, qui dura deux jours et trois nuits, il ne demeura pas inactif. Il prépara un pauvre matelot, atteint d'une maladie mortelle, à paraître devant le souverain Juge, et sut persuader aux autres marins et soldats, au nombre d'une centaine, de faire une confession générale, dès qu'ils auraient mis pied à terre.

Descendu à Bastia, son premier soin fut de se transporter chez le gouverneur de l'île et de conférer avec lui, au sujet de la méthode qu'il

devait suivre pour accomplir sa mission. Il
était d'avis de commencer par Bastia; maître
de la capitale, il le serait bientôt et facilement
de l'île tout entière. Le gouverneur pensa, au
contraire, qu'il valait mieux visiter d'abord les
villes secondaires et terminer par la capitale.
Par déférence, l'apôtre se rangea à l'opinion
de son interlocuteur; et s'enfonçant dans les
terres, il se dirigea immédiatement vers Mariana.

Il trouva l'île dans un état affreux : les maisons en cendres, les campagnes presque dé-
sertes, la jeunesse dissolue et affolée d'indépendance, les familles divisées entr'elles par les
discordes politiques. A ces maux se joignait la
grande plaie du pays, la *vendetta*. Les hommes
couraient à la chasse de leurs ennemis, comme
on court à la chasse des bêtes fauves. Ceux qui
croyaient avoir une injure à venger, laissaient
croître leur barbe; les femmes portaient un
signe à leur coiffure. Toute leur famille em-
brassait leur parti. Quelquefois c'était une lutte
de village à village, de cité à cité. En deux ans,
on avait compté jusqu'à deux mille meurtres.
Le Saint raconte dans une de ses lettres que le
jour même où il pénétrait dans le village de
Caccia, deux frères, sur un simple soupçon,
avaient tué leur sœur avec une férocité inouïe,
l'un à coup d'arquebuse, l'autre à coup de poi-
gnard (1). Le mal était sans remède, parce que

1. *Œuvres complètes*, correspondance, t. I, p. 533; —
et *Summarium*, pp. 245-247.

le clergé était ou compromis dans ces factions ou impuissant.

Cependant l'apôtre ne désespéra point. Si les Corses avaient leurs défauts, ils possédaient aussi d'incontestables qualités; ils étaient braves, fidèles à la parole jurée et, malgré tout, profondément religieux. Notre Bienheureux essaya, par tous les moyens imaginables, du haut de la chaire, dans les colloques privés, par des tracts distribués à propos, de faire pénétrer dans leurs intelligences, un rayon de la lumière de l'Évangile, seule capable d'enseigner nettement tous les devoirs et de dompter toutes les passions. Par-dessus tout, il pria, il aima, il se dévoua. Voici les détails palpitants d'intérêt qu'il nous donne sur ses premières missions.

« A Mariana, nous trouvâmes trois factions sur le point de s'entr'égorger. Mais, dès le premier sermon, elles déposèrent les armes et se réconcilièrent publiquement. Mardi dernier (9 juin 1744), tous ces hommes sont venus processionnellement recevoir la bénédiction papale à Casinga, paroisse distante de huit milles de Mariana; tous marchaient sous la même bannière, et ceux qu'on avait vus les plus acharnés les uns contre les autres, s'avançaient deux à deux d'un air calme qui édifiait.

« Au sortir de Mariana, nous avons reçu deux délégations qui nous ont conjurés, dans les termes les plus pressants, de courir à Casacconi et à Ampugnano, parce que ces deux bourgades étaient sous les armes, prêtes à en venir aux mains. Il y avait cent hommes de chaque côté, et l'on devait s'attendre à un affreux carnage. Arrivé à Casinga, je chargeai quelques notables de cette localité de leur intimer l'ordre, de ma part, de suspendre les hostilités jusqu'à l'ouverture de la mission. Ma proposition fut agréée. Puisqu'ils sont fidèles à observer la trêve, j'espère, avec la grâce de Dieu, qu'ils en viendront à une parfaite réconciliation. C'est ce qui est arrivé dans la paroisse de Casinga, que nous évangélisons en ce moment. Au commencement, la population était divisée en deux factions, comptant chacune cinquante hommes armés. Infailliblement le massacre eût été épouvantable; car ce peuple est le plus belliqueux et le plus féroce de la Corse. Le premier et le second jour, ces hommes vinrent à nos exercices, armés comme des bandits. Je fis d'abord semblant de ne rien voir; puis je les suppliai de venir sans armes. Ils obéirent sur-le-champ. Enfin, après le sermon sur la sainte Vierge, ils se sont embrassés les uns les autres publiquement, et la paix a été conclue entre les habitants, non seulement de Casinga, mais encore de sept autres localités qui ont pris part à la mission. Partout il a fallu se donner une peine infinie pour empêcher les vendettas et pacifier les esprits.

« Nous sommes cinq prédicateurs. Après la bénédiction, j'ai assigné à chacun de mes confrères, le village où il devait ériger le chemin de la croix et recevoir l'engagement, dressé par devant notaire, de renoncer pour toujours aux vengeances privées. De plus, nous établissons dans chaque commune quatre pacificateurs qui, à la moindre rumeur d'hostilités, se rendent sur les lieux pour maintenir la paix.

« Souvent, à travers ces montagnes, les routes sont escarpées, impraticables ; source de fatigues et aussi de mérites pour nous, si nous savons en profiter. Malgré tout, j'ai rencontré parmi ces populations, les plus indomptables de l'île, beaucoup de bienveillance et d'esprit de soumission. Tous m'ont promis de sortir sans armes. Je ne leur enlève pas leurs armes ; je les oblige seulement à les laisser chez eux et surtout à ne jamais les apporter à l'église. Lorsqu'on a appris le changement qui s'était opéré ici, il n'y a eu qu'une voix pour proclamer que c'était un miracle de premier ordre (1). »

La bonté du missionnaire attirait ces populations ; l'intervention directe du Très-Haut les disposait à mieux écouter ses enseignements. A Orezza, dans le district d'Aléria, on lui présenta une fillette de sept ans, muette de naissance ; il la bénit avec la Madone qui ne le quittait jamais, et l'enfant, sentant que sa langue était miraculeusement déliée, s'écria toute joyeuse : « C'est le missionnaire qui m'a guérie. »

Voici l'autre prodige, vraiment singulier, dont la petite ville de Rastino, du district de Mariana, fut le théâtre. Une jeune fille de dix-

---

1. Correspondance du Saint, t. I, p. 511. — Cf. *Summarium*, pp. 245-247.

huit ans, accompagnée de son frère, souffrante,
réduite à l'état de squelette, attendait avec
impatience l'arrivée des missionnaires. Un
mois auparavant, pendant qu'elle dormait aux
champs, un serpent s'était introduit dans son
gosier, et de là dans son estomac. Depuis, il la
tourmentait jour et nuit, sans qu'on pût la dé-
livrer de cet hôte importun. Après avoir dit la
sainte messe, l'apôtre écouta les explications
des parents, se laissa toucher par les larmes de
la malade et la bénit, selon son habitude, avec
sa Madone. A l'instant les douleurs cessèrent,
et quand la jeune fille fut rentrée au foyer paternel, elle était radicalement guérie (1).

Devant ces miracles, soutenus par l'éloquence
et la sainteté du missionnaire, les populations
se sentaient subjuguées. A son approche, les
haines les plus invétérées se taisaient, et l'on
poussait parfois jusqu'à l'héroïsme la charité
chrétienne et le pardon des injures. C'est ce
que firent à Orezza une mère et une veuve dont
le fils et le mari, horriblement massacrés,
étaient encore là, étendus sur le pavé. Se souvenant des enseignements du thaumaturge et
dominant l'excès de leur douleur, elles se ren-
dirent chez leurs parents respectifs et parvinrent,
à force de larmes et de prières, à rapprocher les
familles sur la tombe des deux victimes et à
fermer la voie à toute vengeance ultérieure (2).

1. *Summarium,* pp. 251-252; — et P. Raphaël de Rome,
l. II, c. XIX.
2. P. Raphaël de Rome, l. II, c. XVI.

L'histoire offre peu de scènes plus tragiques, et la foi, peu de victoires sur soi-même plus éclatantes.

Dans le courant du mois de septembre 1844, les meneurs du parti de Théodore de Neuoff, ayant à leur tête un certain Marc-Aurèle de Sralonga, répandirent partout, au nom du Père Léonard, des circulaires apocryphes destinées à perdre les missionnaires en même temps que le gouverneur génois de Bastia. Tous les mécontents se réunirent à Corté. Le péril était imminent ; mais le Bienheureux, averti sous main, sut déjouer le complot (1). Il ne paraît pas que le peuple de Corté ait pris part à ces intrigues et à cette conspiration ; car l'apôtre écrit au commissaire général de Bastia : « Ici, le peuple est très impressionné, prêt à embrasser tout ce qui est bien. La cité tout entière est revenue à Dieu et au devoir. Après la cérémonie du chemin de la croix, deux soldats luthériens, convertis au cours de la mission, ont fait leur abjuration solennelle en présence du vicaire général : ce qui a été pour tous un grand sujet d'édification. J'ai érigé ensuite le chemin de la croix dans la forteresse, pour la consolation des soldats (2). »

Au fur et à mesure que s'avançait cette croisade pacificatrice, au sein des montagnes ou sur la côte, le Bienheureux adressait au gouverneur de Bastia et au Sénat de Gênes des

1. Correspondance du Saint, t. I, p. 547.
2. *Ibid.*, p. 55o.

rapports officieux, tout empreints de hautes conceptions politiques et qu'aurait signés un Richelieu. Il réclamait par-dessus tout : une amnistie générale, une grande bienveillance pour ceux qui se rallieraient au drapeau génois, pas de tergiversations, la répression des prêtres turbulents ; des peines sévères contre le brigandage, des prières publiques pour apaiser la colère de Dieu ; et s'emparant peut-être de la pensée de Du Guesclin, il conseillait, pour purger le pays, l'enrôlement des malfaiteurs dans la milice de la République (1).

On voit qu'il espérait, avec le temps, amollir ces cœurs de bronze. Peut-être aurait-il réussi dans son projet, si un fâcheux accident n'eût entravé ses travaux. Il préchait à Isolaccia, au diocèse d'Aléria. Une nuit, la veille de son départ, le feu prit au plancher de la maison qui l'abritait. On parvint, en le descendant par la fenêtre, à le sauver des flammes, et l'on éteignit le brasier ; mais le lendemain, ayant voulu remonter dans sa chambre, il tomba et se blessa grièvement, si grièvement qu'il fallut songer au retour pour lui procurer le repos et les médicaments qu'exigeait sa blessure. En raison des difficultés qu'offraient les sentiers des montagnes, on fut obligé de le transporter sur un brancard. Ce mode de transport donna lieu à une scène typique, dont le Saint lui-même s'est fait le narrateur et dont il nous garantit ainsi la vérité.

1. Correspondance, t. I, pp. 519-560.

Isolaccia était, depuis une vingtaine d'années,
en proie aux luttes de deux factions irréduc-
tibles. L'une d'elles, ayant pour chef un bandit
nommé Lupo, avait refusé, malgré les instances
de l'apôtre, de déposer les armes. Les compagnons du Saint eurent alors l'idée de dire à
Lupo et à ses partisans : « Puisque vous ne
voulez pas signer la paix, au moins aidez-nous
à porter notre Père. — Volontiers », répondirent
ces farouches insulaires; et l'on se mit en marche. « Vint le tour de Lupo de me prendre
sur ses épaules, ajoute le Bienheureux; mais à
peine avait-il fait une centaine de pas, qu'il
cria : « Halte ! » Puis, déposant le brancard et
faisant écarter les autres porteurs : « Et pour-
« tant, Père, me déclara-t-il, Dieu me dit de ne
« pas signer la paix ! — Ah ! mon fils, c'est le
« diable qui te le dit ! Dieu ordonne le contraire.
« — Si Dieu me l'ordonne, je veux le faire pour
« l'amour de Lui. » A ces mots, il décharge son
arquebuse au cri de : *Vive la paix !* Tous ses
partisans déchargent également leurs armes,
au même cri de : *Vive la paix !* C'est, chez les
Corses, le signe de l'allégresse. Le lendemain,
un Père Capucin vint m'annoncer que la paix
avait été conclue entre les deux factions (1). »

Magnifique victoire due au prestige de la sainteté ! Ces hommes, si vindicatifs et si cruels,
avaient entrevu le divin au front du thaumaturge et ils s'étaient inclinés devant la majesté

1. Correspondance, t. I, p. 563.

du Souverain dont il était l'ambassadeur atti-
tré. C'est le couronnement de son apostolat
dans l'île de Corse. Il y avait passé six mois.
Le 18 novembre, il prit congé du gouverneur de
Bastia et se rembarqua pour Gênes, après avoir
lancé une circulaire où il promettait aux habitants de revenir, dès que sa santé serait réta-
blie. Benoît XIV, ou plutôt les événements
politiques ne lui permirent pas de tenir ses
engagements. Après son départ, l'île abandonnée
à elle-même et à la fougue des tribuns, retomba
presque immédiatement dans l'état de trouble
et d'anarchie, d'où elle ne sortit que par son
annexion à la France, en vertu du traité de
Compiègne (1768).

Les saints sont soumis, comme les autres
mortels, à la trahison des événements et à l'in-
constance des hommes. Apôtre, notre Bienheureux avait rêvé de ramener la Corse à l'exacte
observation du Décalogue, base de toute vraie
civilisation. Patriote, il s'était bercé de l'espoir
de rattacher la colonie à la métropole. Les
consolations du patriote lui furent refusées ; il
ne cueillit que les mérites de l'apôtre.

CHAPITRE XVIII

A son retour à Gênes, l'intrépide missionnaire fut reçu avec de grands honneurs par le doge et les sénateurs, qui ne lui ménagèrent pas les compliments, tant en leur nom personnel qu'au nom de la patrie; mais il était exténué. Les douleurs de sa blessure, son grand âge, la fièvre, l'excès de ses austérités, la crainte de voir périr en un jour le fruit de tant de sueurs versées sur le sol de la Corse, tout se réunissait à la fois pour épuiser le peu de forces qui lui restait. Malgré les soins que lui prodiguèrent ses confrères du couvent de la Paix, chez lequels il était descendu, il lui fallut, pour se remettre, un long repos; et encore ne recouvra-t-il jamais cette vigueur primitive dont nous connaissons les origines miraculeuses. Cependant, au mois de janvier 1745, il ne put refuser de prêcher un triduum dans l'église métropolitaine, en faveur de la confrérie de Notre-Dame de Bon-Secours, fondation de date encore récente, mais dont la pensée répondait à l'un des grands périls de l'époque.

Les sectateurs du Coran, les fils du Prophète, étaient toujours le péril de l'Europe; non plus ceux de Jérusalem et de Stamboul, figés dans leur immobilité, mais leurs frères des côtes d'Afrique, vrais écumeurs de mer qui guettaient les chrétiens, s'en emparaient et les emmenaient à Alger, à Marrakech ou à Tunis, pour les réduire à l'état d'esclaves ou les forcer à l'apostasie (1). Pour combattre ce fléau de la piraterie musulmane, Clément XI avait lancé une Encyclique invitant les princes chrétiens à se coaliser contre l'ennemi commun et à créer une flotte spéciale ; lui-même avait donné l'exemple. La confrérie de Notre-Dame de Bon-Secours, à Gênes, se rapportait à ce plan. C'était donc une œuvre de défense internationale en même temps qu'une association religieuse; et l'on comprend que notre Bienheureux, à peine sorti de convalescence, se soit empressé de plaider une si belle cause. Il le fit avec beaucoup de chaleur, nous disent les contemporains, et gagna à la confrérie de nombreux adhérents, pendant que la quête apportait des secours pécuniaires si considérables, qu'on put construire une galiote et la pourvoir de canons. Les Génois, reconnaissants, baptisèrent la galiote du nom de *Saint-Léonard*. L'apôtre assista à la cérémonie de bénédiction et au lancement de cette embarcation. Il en parle dans sa correspondance et rapporte, avec une certaine fierté, « qu'elle volait sur la surface des flots avec la rapidité d'une flèche (2) ».

Les corsaires tunisiens, ayant eu vent de cette

1. Voir *Le Maroc d'autrefois*, par le comte H. de Castries (*Revue des Deux-Mondes*, numéro du 15 février 1903).
2. *Œuvres complètes*, t. I, p. 583.

entreprise, jurèrent de s'en venger sur la personne de celui qui en avait été l'un des principaux instigateurs ; ce qui n'effraya nullement le fils de Dominique Casanova. « Les Turcs ont appris que je presse un armement contre eux, écrit-il, et ils s'en vont répétant partout que le Fr. Léonard leur fait la guerre. Ils cherchent ce Fr. Léonard ; et s'ils peuvent le capturer, son procès est fait ; il sera empalé ! Comme c'est la haine de la foi qui les inspire, je désire de tout cœur qu'ils réussissent (1). » Ils ne réussirent point ; mais le Bienheureux eut du moins le mérite d'avoir coopéré à une œuvre de salubrité qu'un Français, le maréchal de Bourmont, devait mener à bonne fin par la prise d'Alger (1830).

Après le triduum de Notre-Dame de Bon-Secours, nous voyons le Saint occupé à visiter les communautés religieuses de Gênes, et les aidant par ses instructions, par ses conseils, à gravir les âpres sentiers de la perfection. Puis il recommence peu à peu ses excursions apostoliques au pays génois, sur la rivière du Levant, à Chiavari, à Sestri, à Levanto (2).

En Corse, il avait eu à lutter contre les effets de l'anarchie et de la guerre civile. Sur le continent, il se trouva en face de l'invasion étrangère et assista à l'un des plus douloureux épisodes de cette guerre de Succession dont nous avons parlé au chapitre précédent. L'année 1746 fut

1. P. Raphaël de Rome, l. II, c. 1 ; — *Summarium*, p. 368.
2. *Summarium*, p. 267.

particulièrement calamiteuse pour sa patrie. Les Français, commandés par le maréchal de Maillebois, avaient été défaits à la bataille de Plaisance et contraints de repasser les Alpes. Les Impériaux, conduits par le général Botta, un Génois traître à son pays, profitèrent de leur victoire pour tirer vengeance de l'alliance du doge avec les Bourbons. Ils fondirent sur Gênes, s'en emparèrent d'assaut, et la livrèrent au pillage (1746). Le général Botta exiga la reddition des forts et des armes, plus neuf millions de florins dans le délai de quinze jours, pendant que ses Croates commettaient toutes sortes de profanations.

Le Bienheureux était alors à Sestri, ville que traversaient les troupes espagnoles, alliées de Gênes. Comment eût-il pu demeurer insensible aux souffrances de ses compatriotes? Il releva leur courage, les convia à implorer la miséricorde du Très-Haut par des processions de pénitence, et leur recommanda surtout de recourir à Celle qui est plus terrible à elle seule qu'une armée rangée en bataille. Lui-même joignit ses ardentes supplications aux leurs. Or, n'est-il pas écrit que « la prière assidue du juste est toute-puissante sur le cœur de Dieu »? Deux faits extraordinaires nous paraissent avoir été l'effet de cette intercession.

Voici le premier. Pour sauver leurs trésors les plus précieux, les habitants de Gênes avaient imaginé de les déposer dans la chambre que le Saint avait habitée trois ans auparavant, la regardant comme un lieu de refuge couvert de la protection du ciel. Croyance naïve sans doute, mais fondée après tout sur cette vérité d'expérience que Dieu se plaît à glorifier ses fidèles serviteurs ! Elle ne resta point sans récompense ; car, par un prodige humainement inexplicable, les soldats, fouillant une à une toutes les maisons, passèrent plusieurs fois devant « le lieu de refuge », sans frapper à la porte ni rien voir, comme s'ils avaient eu un bandeau sur les yeux (1).

Le second fait relatif à la délivrance de Gênes est encore plus merveilleux. Se souvenant des conseils que leur avait donnés le Saint, lors de la mission, les habitants tournèrent leurs regards, du fond de leur détresse, vers la Reine du ciel et l'invoquèrent sous son plus beau titre, celui de Vierge Immaculée. Ce ne fut point en vain. Le 10 décembre, un jeune homme du peuple, frappé d'un coup de canne par un Allemand, pousse un cri. La population, indignée, prend parti pour la victime. Bientôt toute la ville se soulève, et les Croates, succombant sous le nombre, sont obligés de battre en retraite et de s'enfuir. C'est ainsi qu'un événement de rien amena la libération de la grande cité ; mais derrière cet événement de rien, il y avait les supplications des justes et l'intercession de celle qui est le *secours des chrétiens*. Ainsi l'entendirent les Génois. En signe de

1. P. Raphaël de Rome, l. II, c. XVII.

reconnaissance, ils s'engagèrent par un vœu perpétuel, émis entre les mains de l'archevêque, Mgr Saponti, à jeûner la veille de l'Immaculée-Conception (1).

« Lieu de refuge » et libération de la ville, voilà les deux phénomènes surnaturels qui se rattachent à l'invasion des Autrichiens. Quelle fut la participation directe de notre héros à ces deux bienfaits? Personne ne le saura jamais; mais personne non plus n'osera prétendre qu'il y fut étranger.

L'occupation autrichienne avait duré trois mois. En apprenant la nouvelle de la délivrance de Gênes, le Bienheureux éprouva, comme il le déclare lui-même dans sa correspondance (2), un double sentiment : sentiment de joie pour la fin d'une oppression dure au cœur d'un patriote; sentiment de tristesse pour les sacrilèges dont les envahisseurs s'étaient rendus coupables, ne respectant ni les églises ni les images de la sainte Vierge. « Oh! les scélérats! s'écrie-t-il. Je me console, en voyant que le vénérable archevêque, qui est si plein de zèle, s'efforce de réparer tous ces outrages (3). »

Quand le sol de la patrie est piétiné par l'étranger, il est difficile à une population de se recueillir. Il faut attendre que le temps ait mis un baume sur la plaie. C'est ce que pensèrent le doge et l'archevêque de Gênes. Ils délièrent

1. *Œuvres complètes*, t. I, p. 636.
2. *Ibid*, p. 582.
3. *Ib.*, loc. cit.

l'apôtre de ses engagements, à la condition qu'il
reviendrait évangéliser sa patrie, dès que la
paix serait conclue. Mais le conflit avec la Sardaigne ne prit fin qu'au traité d'Aix-la-Chapelle
(1748); et à cette époque Benoît XIV devait
rappeler le Saint dans la ville éternelle pour lui
confier d'autres travaux (1).

« Pèlerin de la parole divine », comme son
modèle, saint Vincent Ferrier, le serviteur de
Dieu descend de Gênes à Lucques, sa ville privilégiée; puis, en dépit de son âge et de son affai-
blissement graduel, il se rend à Florence, pour y
attendre les ordres de ses supérieurs, traverse
les Apennins, toujours à pied, et se dirige vers
Ferrare, où l'appelle son pieux ami, Mgr Crescenzi, nommé à l'archevêché de cette ville. De
1746 à 1749, Ferrare, Bologne, Ravenne, Ancône,
Terni, Spolète, puis, après un court séjour à
Rome, Arpino, Aquila, les environs de Subiaco
et vingt autres villes ou bourgades qu'il serait
trop long d'énumérer, entendent successivement
sa voix. Les biographes attirent principalement
notre attention sur deux localités : Terni et
Arpino (2).

A Terni, sa prédication remua si profondément
les cœurs, que, même après son départ, les habitants remplacèrent les folies du carnaval par
des processions de pénitence et l'adoration du
Saint Sacrement (3).

1. P. Raphaël de Rome, l. I, c. XVII.
2. *Summarium*, p. 275.
3. P. Raphaël de Rome, l. I, c. XVII.

Ce qui distingue la ville d'Arpino, ce sont les éclatants prodiges dont elle fut favorisée. C'est d'abord la guérison d'un pauvre lépreux, Charles Morelli, délivré de son mal après s'être lavé les mains dans l'eau dont s'était servi le Bienheureux; puis celle d'un enfant de trois à quatre ans, répondant au doux nom de Gaétan Quagliéri Fiorletta, fleur d'innocence, mais infirme et incapable de marcher; et enfin celle d'un fabricant de drap, Pierre Difolco, saisi tout à coup d'un violent accès de goutte, au moment où il s'occupait, à Rome, de faire sa provision de laine. Rencontrant le Saint sur une des places de la ville, il le reconnut. « Père, lui dit-il en l'arrêtant par son manteau, Père, ayez pitié de moi ! » Le Bienheureux fit le signe de la croix, et sous sa main bénissante les douleurs disparurent immédiatement. Il faudrait tout un livre, ajoute le narrateur, pour rapporter en détail toutes les faveurs surnaturelles dont il fut l'instrument (1).

Il guérissait les autres; il ne se guérissait pas lui-même. Ses forces déclinaient de jour en jour, et ses souffrances s'aggravaient. Dieu le permettait ainsi, pour accroître ses mérites. Plus d'une fois, il s'évanouit en chaire, au milieu de ses discours. Un soir, il faillit mourir en chemin. C'était au mois de novembre 1748; il se rendait de Monte-Rotondo à Malignano. Trompé par son guide, il s'égara à travers des terres dé-

1. P. Raphaël de Rome, l. I, c. xix.

trempées par la pluie et s'enlisa dans les fondrières. Ce fut son inséparable compagnon, le Fr. Diégo, qui le tira de ce mauvais pas, en allant chercher une bête de somme à Morlupo, où il le ramena plus mort que vif (1).

L'apôtre ne se faisait point illusion sur la gravité de son état. « La barque est usée ! » disait-il plaisamment à ses compagnons. Mais il ne se demandait point si elle voguerait longtemps encore; il s'abandonnait à la Providence. Rentré à Rome, vers le milieu du Carême de 1749, il reçut l'ordre, de la bouche même de Benoît XIV, de disposer ses matériaux parénétiques, de manière à préparer le peuple romain à profiter du Jubilé de l'*Année Sainte,* qui allait bientôt s'ouvrir. Il aurait pu répondre, à l'exemple de saint Martin : « Je ne refuse pas le travail. » Dès qu'il s'agissait du salut des âmes, il n'était plus question de vieillesse ni de souffrances. Le Carême de la même année 1749 s'acheva, pour lui, par les exercices d'une retraite qu'il prêcha au palais Pallavicini (2).

Et pourtant l'ouvrier évangélique approche de la fin de sa tâche; bientôt il tombera sur le sillon. Il tombera en héros, dans un sacrifice plein de gloire; mais avant d'assister à ses derniers travaux, à ses derniers moments, il nous semble opportun de jeter un coup d'œil sur le passé et de dissiper un préjugé qui tend à s'acclimater dans certains milieux. « A quoi bon,

1. *Summarium,* p. 285.
2. *Ibid.,* p. 289.

nous dit-on, les Ordres apostoliques? Quels services les missionnaires rendent-ils à l'humanité? »

Quels services? Les plus grands! Ecoutons, pour nous en rendre compte, les réflexions philosophiques qu'a suggérées à un savant publiciste de nos jours la méditation de ce sujet. « La plus grande misère de l'homme, remarque-t-il, n'est pas la pauvreté ni la maladie, ni l'hostilité des événements, ni les déceptions, ni la mort; c'est le malheur d'ignorer pourquoi il naît, souffre et meurt. Dissiper ce mystère a été le souci universel et passionné des siècles (1). » La lumière a été demandée aux philosophies et aux religions de l'antiquité, qui n'ont répondu que par des hypothèses douteuses ou par des croyances mélangées d'erreurs. Une seule voix a répandu la plénitude de la lumière sans ombre d'incertitude ni d'erreur, sur l'énigme de la vie; c'est la voix de Celui qui est le soleil des intelligences, la voix de Celui qui est venu nous enseigner la grande loi de l'amour, la voix de Celui qui, voulant que la vérité parvînt à tous les hommes, parce qu'il est le père de tous les hommes, a chargé l'Église et le sacerdoce de continuer sa mission rédemptrice : *Euntes docete : Allez, enseignez toutes les nations.* « L'effort accompli depuis lors pour substituer à l'erreur des crédulités, à l'inimitié des races et à l'égoïsme des passions, cette morale civilisa-

1. Et. Lamy, *Revue des Deux-Mondes,* 1ᵉʳ octobre 1900, p. 538.

trice, est devenu le grand bienfait de l'histoire (1). »

C'est également ce que proclame, sous une autre forme, un philosophe peu suspect de partialité en faveur du catholicisme, Hippolyte Taine.

« Le christianisme, déclare-t-il, est la grande paire d'ailes indispensables pour soulever l'homme au-dessus de sa vie rampante et de ses horizons bornés, pour le conduire, à travers la patience, la résignation et l'espérance, jusqu'à la sérénité, pour l'emporter, par delà la tempérance, la pureté et la bonté, jusqu'au dévouement et au sacrifice. Toujours et partout, depuis dix-huit cents ans, sitôt que ces ailes défaillent ou qu'on les casse, les mœurs publiques et privées se dégradent; l'égoïsme brutal et calculateur reprend l'ascendant, la cruauté et la sensualité s'étalent, la société devient un coupe-gorge et un mauvais lieu. Il n'y a que le christianisme pour maintenir dans la société la douceur et l'humanité, l'humilité, la bonne foi et la justice.

« Aujourd'hui, après dix-huit siècles, sur les deux continents, depuis l'Oural jusqu'aux Montagnes-Rocheuses, dans les moujiks russes et les settlers américains, le christianisme opère comme autrefois dans les artisans de la Galilée, de façon à substituer à l'amour de soi

---

1. Et. Lamy, loc. cit. — Il y a trois défauts, ajoute cet auteur, qui caractérisent l'idolâtrie : *le mensonge, l'indifférence au bien et la tyrannie de ceux qui commandent au nom de la divinité.* — L'athéisme maçonnique ne présente-t-il pas exactement les trois mêmes caractères?

l'amour des autres. Ni sa substance ni son emploi n'ont changé. Sous son enveloppe grecque, catholique ou protestante, il est encore pour 400 millions de créatures humaines, l'organe spirituel, la grande paire d'ailes indispensables pour soulever l'homme au-dessus de lui-même, au-dessus de sa vie rampante et de ses horizons bornés; pour le conduire, à travers la patience, la résignation et l'espérance jusqu'à la sérénité; pour l'emporter, par delà la tempérance, la pureté, la bonté, jusqu'au dévouement et au sacrifice. Toujours et partout, depuis dix-huit cents ans, sitôt que ses ailes défaillent ou qu'on les casse, les mœurs privées ou publiques se dégradent. En Italie, pendant la Renaissance; en Angleterre, sous la Restauration; en France, sous la Convention et le Directoire, on a vu l'homme se faire païen comme au premier siècle. Du même coup, il se retrouvait au temps d'Auguste et de Tibère, voluptueux et dur. Il abusait des autres et de lui-même; l'égoïsme brutal et calculateur avait repris son ascendant; la cruauté, la sensualité s'étalaient; la société devenait un coupe-gorge et un mauvais lieu. Quand on s'est donné ce spectacle et de près, on peut évaluer l'apport du christianisme dans la société moderne, ce qu'il y a introduit de pudeur, de douceur et d'humanité, ce qu'il y a maintenu d'honnêteté, de bonne foi et de justice. Ni la raison philosophique, ni la culture artistique et littéraire, ni même l'honneur féodal, militaire et chevaleresque, aucun code, aucune administration, aucun gouvernement ne suffit à le suppléer dans ce service. Il n'y a que lui pour nous retenir sur notre pente fatale, pour enrayer le mouvement insensible par lequel, incessamment et de tout son poids originel, notre race rétrograde vers ses bas-fonds (1). »

Qui osera nier la justesse de ces observations, fruit d'une étude aussi attentive qu'impartiale sur la marche de l'esprit humain?

Il ne nous reste donc qu'un mot à ajouter : c'est que la religion n'est point une doctrine abandonnée aux caprices d'une interprétation arbitraire. Elle s'incarne dans un organisme vivant, le sacerdoce, et s'offre aux générations qui passent, par les lèvres purifiées du prêtre. Otez le prêtre, que deviendrait le symbole? Que deviendraient l'unité religieuse et l'Évangile lui-même ? Le sacerdoce est donc, au même titre que la religion, un don de Dieu et « le grand bienfait de l'histoire », et l'on voit, par cette seule réflexion, combien sont insensés, combien sont criminels, ceux qui entravent l'action du prêtre ou qui rêvent d'anéantir les congrégations vouées au ministère de la parole.

Dieu, la religion, l'apostolat, ces trois mots forment une trilogie sublime où l'humanité va sans cesse puiser la lumière et la vie. Entrer dans cette trilogie est un honneur sans égal et une charge qui mérite, quand on la remplit

1. Taine, *Origines de la France contemporaine*, t. II, p. 118.

dignement, la reconnaissance des peuples. Or, qui a mieux porté cet honneur, qui s'est mieux acquitté de cette charge que saint Léonard de Port-Maurice? Pendant quarante années, il a parcouru les provinces centrales de l'Italie; pendant quarante années, il est allé de cité en cité, de village en village, disputer les âmes à l'empire du mal ou de l'erreur. Il a parlé à tous, principalement à ce monde du travail qu'absorbe le souci des intérêts matériels. A tous il a donné la solution du problème de la vie humaine; à tous il a montré le ciel, et dans le calice de chacun il a versé, en passant, quelques gouttes des félicités d'un monde meilleur. Il a été pour l'Italie ce qu'a été le Bienheureux Grignon de Montfort pour l'ouest de la France; et si la péninsule ne s'est laissée entraîner ni aux insanités du jansénisme ni aux doctrines incendiaires de la Révolution, c'est à lui, en grande partie, qu'elle en est redevable. Avions-nous tort d'avancer qu'il fut un insigne bienfaiteur de son pays? Son nom n'a jamais retenti, et ne retentira peut-être jamais sous la coupole de nos académies, pas plus que celui de ses collaborateurs, les PP. Bernardin de Florence, Jérôme de Pompéiana, Hilaire de Languelia, Séraphin de Rapallo, Jean-Chrysostome de Bologne et autres; mais cet humble n'en fut pas moins le plus solide appui de la société chancelante, puisqu'il lui rendit ou lui conserva les biens les plus précieux qu'il y ait ici-bas : la vérité, la paix et Dieu.

En 1749, pendant qu'il résidait au couvent
de Saint-Bonaventure, un incendie se déclara
dans une des pièces de la maison. Les soldats
accoururent, essayant de faire la part du feu.
Lui, après s'être agenouillé devant le tabernacle, accompagna le religieux qui opposait le
ciboire et l'Hostie sainte, comme une barrière,
aux envahissements des flammes; et aussitôt
celles-ci reculèrent, s'éteignant peu à peu sans
plus causer de dégâts (1). N'est-ce pas l'image
de l'Envoyé de Dieu, qui, dans ses excursions
apostoliques, court au-devant des flammes
allumées par le vice et commande, au nom du
Maître, tantôt aux éléments de la nature, tantôt (ce qui est d'un autre ordre) aux mille convoitises du cœur humain?

Il nous reste à voir quels furent ses principaux moyens d'action. Laissant un peu dans
l'ombre les phénomènes surnaturels qui distinguent le thaumaturge, nous nous attacherons
par-dessus tout à dépeindre, d'après ses œuvres,
le prédicateur, le directeur des consciences,
l'apôtre au zèle brûlant et le fervent imitateur
du Patriarche d'Assise.

1. *Summarium*, p. 289.

CHAPITRE XIX

Les chapitres précédents nous ont renseignés sur l'immense renommée que le fervent disciple de saint François s'était acquise en Italie, et sur les fruits merveilleux de son apostolat. Les témoignages sous ce rapport sont unanimes, et le succès dépasse tout ce qu'on peut dire. On ne saurait prétendre que ce fût une affaire d'engouement passager, puisque l'admiration publique suivit le Franciscain d'un bout à l'autre de sa carrière. Cette admiration repose donc sur une base meilleure, et nous avons à rechercher dans quelle mesure les sermons du Bienheureux y ont contribué.

Il nous reste de lui cinq volumes de prédication. Les deux premiers renferment trente-trois discours disposés pour une station de carême; les trois autres nous offrent un mélange de conférences, d'exhortations, d'exercices spirituels, selon la méthode de saint Ignace : véritable arsenal où le Saint venait, selon les besoins des populations, se munir d'armes contre l'ennemi (1). Nous ne possédons pas tous ses discours; car le Fr. Diégo parle souvent de ses apostrophes virulentes contre les sectaires de

1. Voir la traduction Labis, édit. Casterman, 1858, t. III, VII.

l'époque, les jansénistes et les francs-maçons, et nulle part, dans les écrits de l'auteur, nous ne trouvons trace de ces protestations indignées. Mais nous avons les instructions du grand missionnaire telles qu'il les a lui-même rédigées. Il y a apporté un grand soin, pour le fond comme pour la forme, en y laissant la triple empreinte du génie italien, de l'onction franciscaine, et de la limpidité nécessaire à l'enseignement populaire.

Il traite toutes les grandes vérités de la religion, et les entremêle d'un touchant discours sur la bonté de Marie, discours qu'il ne manquait jamais de prononcer dans ses missions et dont il dit lui-même : « Ce que ne fait pas la crainte de l'enfer et des jugements de Dieu, je l'obtiens par le sermon sur la sainte Vierge (1). »

Au couvent de Saint-Bonaventure, à Rome, on conserve à l'égal d'une relique l'original de ses œuvres. Elles sont écrites en italien, dans une langue très correcte ; mais nous n'apprécions ici que la partie oratoire. En général, le Bienheureux commence par exposer le dogme, puis il en tire les conséquences morales. Les divisions sont claires et faciles à retenir, le style abondant et imagé, la doctrine solide, avec certaines tendances rigoristes en ce qui concerne le petit nombre des élus. Saint Léonard agit par voie de déductions, un peu à la façon de Bourdaloue, et nous croyons que c'est à lui que re-

1. P. Raphaël de Rome, l. II, c. XII.

vient le mérite d'avoir inauguré cette méthode
d'apologétique dans la péninsule italique; mais,
sauf cette parenté lointaine, ses sermons ne res-
semblent en rien à ceux des maîtres de la chaire
française aux xviie et xviiie siècles.

Ces principes une fois posés, ouvrons ces différents volumes. Quand on les parcourt, on
éprouve les mêmes désillusions que lorsqu'on
lit les homélies de saint Antoine de Padoue. On
est étonné que des discours si simples, sans ap-
prêt, sans ornement, parfois même déparés par
des exemples apocryphes, des interprétations
forcées ou des hardiesses d'un goût douteux,
aient pu produire un mouvement religieux
d'une pareille intensité. Il n'y a, en effet, aucun
rapport entre le mérite littéraire de ces compositions et les prodiges qu'elles ont opérés. C'est
ailleurs et plus haut, dans le prestige de la
beauté morale, qu'il faut chercher le secret de la
puissance irrésistible qui enchaînait aux lèvres
de notre héros les foules haletantes et recueillies. Chez lui le Saint irradie l'orateur et nous
explique l'universalité de ses triomphes.

C'est au pied de son crucifix, selon les recommandations du Patriarche séraphique, qu'il
préparait ses instructions. Après avoir longue-
ment prié et pleuré, il montait en chaire dans
le feu de la contemplation des divins mystères;
et alors, nous dit le Fr. Diégo, tout prêchait en
lui, tout parlait au cœur, ses yeux encore baignés de larmes, son visage amaigri par le
jeûne, la chaleur communicative de ses convic-

tions et les habiles modulations d'une voix
forte et pénétrante. Sentait-il, dans son auditoire, un certain mouvement de résistance à la
grâce ? Il avait recours aux grands moyens.
« Du sang ! du sang ! » s'exclamait-il ; et il se cei-
gnait le front d'une couronne d'épines, se frap-
pait les épaules avec des lames de fer, et allait
baiser les pieds des prêtres, puis, les yeux voi-
lés par les larmes et par le sang, demandait
pardon à Dieu en face d'une assistance qui
éclatait en sanglots. Exemple imité par les
saint Liguori et les saint Paul de la Croix ! Les
saints ont de ces hardiesses, justifiées par l'excellence du but qu'ils poursuivent ; car ce qu'ils
veulent, ce n'est pas une approbation stérile ni
de vains applaudissements, mais des résolutions énergiques et un total changement de vie.
« Aussi notre Bienheureux n'était-il content
que lorsque ses auditeurs, terrassés par sa parole, demandaient grâce et, tombant à genoux,
criaient en sanglotant avec le prédicateur :
« Pardon, mon Dieu ! Pardon ! » Ce n'était plus
alors un sermon ; c'était un concert de voix, de
soupirs, de gémissements qui montaient vers
le ciel et en faisaient descendre la miséricorde
et le pardon (1). »

Quelques extraits nous aideront à saisir au
vif l'originalité de ce genre de prédication. Parlant sur la mort, saint Léonard compare la vie
à un sablier, dont la poussière s'écoule en un

1. Charles Sainte-Foi, *Sermons du Saint,* édition Vivès,
préface, p. IX.

clin d'œil. « Secouez la poussière de votre sablier, crie-t-il à ses auditeurs, et voyez combien il en est déjà tombé. Jeune homme, où est ton enfance ? Elle est passée ; c'est de la poussière tombée ! Homme d'un âge mûr, où est ton adolescence ? Elle est passée ; c'est de la poussière tombée ! Vieillard, où est ton âge mûr ? Il est passé ; c'est de la poussière tombée ! Et ainsi notre vie n'est pas seulement une vie mourante ; c'est une vie déjà morte en partie. Et vous vivez insouciants, comme si vous deviez habiter éternellement ce bas monde ! Oh ! quelle funeste illusion (1) ! »

On le voit, le Bienheureux sait donner du mouvement à sa pensée et du coloris à son expression. Ces qualités ne brillent pas moins dans son discours sur l'*éternité* que dans le précédent. Expliquant ce mot de l'Apocalypse : « Le réprouvé est précipité dans un étang de feu et de soufre », il ajoute : « Le damné brûle dans cet étang de feu ; il y brûlera à jamais, sans relâche ni soulagement. Mille et mille fois le soleil se lèvera pour nous et se couchera à l'horizon ; mille et mille fois la terre se revêtira et se dépouillera de son manteau de verdure ; mille et mille fois les saisons succéderont aux saisons, le calme aux tempêtes, les empires aux empires, les générations aux générations. Et lui, le damné, que deviendra-t-il ? Voyez-le : il brûle, il brûle à jamais dans cet étang de feu.

1. Sermon pour le mercredi des Cendres, édit. Labis, t. III, p. 7.

O éternité! Eternité! Qui pourrait te comprendre (1) ? »

Saint Léonard ne craint pas d'aborder au besoin les questions spéculatives, et il les traite avec une grande lucidité. Voici comment il rappelle les origines divines de l'Église catholique. « Comment s'est-elle établie dans le monde? Le Fils de l'homme a dû la fonder sur la puissance du glaive et lui donner pour berceau les trônes des monarchies vaincues! — *Non, il est né pauvre, a vécu dans le travail et les épreuves et a fini sur un gibet.* — Mais alors il s'est associé des hommes d'une haute naissance, qui auront entraîné les peuples par la magie de leur éloquence et l'autorité de leur nom? — *Non; c'étaient douze inconnus, pauvres bateliers pour la plupart, sans lettres ni fortune.* — Mais peut-être le monde se trouvait-il sans culte ni religion, semblable aux terres inhabitées dont s'empare le premier occupant? — *Non, il y avait partout des forêts d'idoles, et Rome en particulier veillait, avec toute la puissance de ses armes, à la conservation des dieux légués par ses ancêtres. Et cependant Rome a adoré la croix, et bientôt après tout le reste de l'univers s'est converti, sans que la sagesse humaine y soit pour rien.* Concluez : Ou Rome s'est convertie à la suite de miracles irrécusables, et alors notre religion vient de Dieu, c'est une obligation de l'embrasser; ou bien Rome s'est con-

1. *Œuvres complètes*, p. 459.

vertie sans miracles, et nous voici en face du plus grand des miracles : Rome et tout l'univers acceptant, à la voix d'hommes illettrés et inconnus, une doctrine inaccessible aux lumières de la raison abandonnée à elle-même, des espérances que l'intelligence de l'homme ne soupçonne pas, des devoirs qui dépassent les forces humaines ! La fondation du christianisme est donc une œuvre absolument divine. »

Puis, épanchant son cœur devant son auditoire, l'orateur se met lui-même en scène avec une admirable simplicité. « Autrefois, dans ma jeunesse, j'ai demandé à passer chez les infidèles, afin de répandre mon sang pour la cause de la foi. J'ai même fait des instances, auprès d'Innocent XII ; mais par suite de mes péchés, cette grâce m'a été refusée. Cependant, s'il est permis à un fils de marcher sur les traces de son père, je m'offre, à l'exemple de saint François, à rendre témoignage à la divinité de notre religion. En présence du Soudan, il s'engagea, si ce barbare et ses sujets consentaient à recevoir le baptême, à se jeter dans un brasier ardent. Je suis prêt à l'imiter. Elevez un bûcher, mettez-y le feu, et, sans hésiter, je m'y précipiterai, pour attester la divinité de l'Evangile. Ah ! qui me donnera de verser mon sang pour une foi si auguste (1) ? »

Dans le sermon sur le *Pécheur obstiné*, notre Bienheureux compare l'âme endurcie dans le

1. *Œuvres complètes*, p. 36-5o.

mal au rocher stérile qu'entourent les flots de
l'océan et que ne peuvent pénétrer ni les ondées
du ciel ni les éclats de la foudre. Cependant il
lui reste une espérance : c'est de l'attendrir, en
lui dépeignant les privilèges et les tendresses
de la Mère des miséricordes. Son sermon sur la
sainte Vierge est, en réalité, une de ses meilleures compositions ; il brille par la richesse de
la doctrine non moins que par les espérances
qu'il éveille. Le Saint y expose, en passant, la
thèse franciscaine, la croyance à l'Immaculée-
Conception de Marie, et proteste qu'il est prêt,
pour soutenir cette vérité, « à sacrifier son sang,
son honneur et sa vie (1) ». Puis il s'écrie, dans
un élan de piété filiale et comme s'il apercevait
des yeux de sa chair l'ineffable beauté de celle
qu'il chante : « Il viendra ce moment fortuné où
mes yeux se reposeront sur le visage si doux et
si beau de Marie ! Oh ! cette vue ne vaut-elle pas
mieux, à elle seule, que tous les spectacles et
toutes les jouissances de la terre ? Que saint Paul,
dans l'extase de son amour, brûle du désir de
sortir de ce monde pour être avec le Sauveur,
je le conçois ; mais pour moi, je me plais simplement à redire : Je brûle du désir de mourir
pour vivre là-haut avec Marie. Et ne croyez
pas, mes Frères, que ce soit une vaine parole.
Non ; je le dis en toute vérité, je le dis du fond
du cœur : Je brûle du désir de mourir, pour
aller vivre avec Marie. Ah ! Mère tout aimable,

1. *Œuvres complètes*, t. IV, p. 338.

recevez-moi dans vos bras; et vous, mes Frères, récitez tous à voix basse un *Ave Maria* pour moi! Puissiez-vous m'obtenir la grâce de tomber, mort, sur cette estrade, et d'aller vivre avec la Bienheureuse Vierge Marie (1)! »

Où trouver plus de pathétique dans le ton, plus de sincérité dans l'émotion, et par là même plus de véritable éloquence, de celle qui jaillit du cœur? L'auditoire n'applaudissait point à ces paroles; mais il était attendri, et il pleurait.

A titre de conséquence pratique, le dévot serviteur de Marie recommande aux fidèles, comme un moyen de sanctification aussi facile qu'efficace, la récitation — matin et soir — de trois *Ave Maria* en l'honneur de l'Immaculée-Conception (2).

Les grandes vérités étaient plutôt réservées pour le soir, les conférences sur les sujets pratiques pour le matin. On ne lira pas sans intérêt, ni surtout sans profit, ces instructions familières, qui nous offrent une étude psychologique très fouillée sur les maladies de l'âme et les remèdes à y apporter. Le Saint y stigmatise ces littérateurs et romanciers, sculpteurs et peintres, qui abusent de leur talent pour outrager leur Créateur et pervertir les foules; ces pères de famille qui négligent le devoir capital de l'éducation; les liseurs et les li-

1. *Œuvres complètes*, t. V, p. 119.
2. *Ibid.*, t. VI, p. 96. — Voir la *Pratique des trois Ave Maria*, par le R. P. Jean-Baptiste. (Œuvre de Saint-François d'Assise.)

seuses de romans; tous ceux que dominent les passions de la haine ou de la cupidité (1).

Sa conférence sur la *Cupidité* mérite une mention spéciale; c'est un tableau de maître et qui n'a rien perdu de son actualité. Voici l'entrée en matière : « Ce vice maudit constitue, de l'avis du prophète Jérémie, une sorte de second péché originel dont tous les hommes sont infectés. Tous! N'est-ce pas exagérer? Non; tous, depuis le plus petit enfant jusqu'au vieillard penché vers la tombe, tous sont plus ou moins esclaves du démon de la cupidité : *Omnes avaritiæ student*. Et pour juger de la vérité de cette proposition, commençons par considérer l'enfant encore au berceau. Faites briller du cristal à ses yeux, et observez tous ses mouvements. Il suit l'objet d'un regard attentif, étend les bras pour le saisir, l'étreint dans ses doigts et semble triompher; s'il ne l'obtient pas, il jette les hauts cris : c'est la vengeance de cet âge. Qui ne sait que les femmes, à part certaines natures supérieures, ont au suprême degré la passion de thésauriser? On dirait qu'elles ont peur que la terre ne leur manque sous les pieds! » L'orateur passe ensuite aux hommes et les montre également asservis à cette passion de la cupidité, à quelque classe de la société qu'ils appartiennent, et flagelle sans pitié ceux qui violent les lois de la justice et de l'équité : les négociants qui fraudent, les agioteurs qui volent, les servi-

1. *Œuvres complètes*, t. V, p. 205-526.

teurs qui trompent leurs maîtres, les riches qui
ne paient pas, les magistrats qui vendent la justice. « Ne vous y trompez pas, s'écrie-t-il, en
terminant, ni les voleurs ni les ravisseurs du
bien d'autrui n'entreront dans le royaume des
cieux (1). »

Comme on lui reprochait la sévérité de sa doctrine : « Je trahirais mon ministère, répliquait-
il avec vivacité, si je gardais le silence, en face
des fautes commises contre la justice, et ne rap-
pelais aux délinquants les graves responsabilités qu'ils assument. On me critiquera, on me
condamnera ; peu m'importe ! Mais ce que j'ai à
cœur, ce que je voudrais obtenir, même au prix
de mon sang, c'est qu'on observe la justice, vertu
d'une absolue nécessité et sans laquelle les
âmes courent infailliblement à leur perte (2). »

Outre les sermons et les conférences, le
recueil des Œuvres complètes du Saint nous
offre des méditations pour tous les jours du
mois et pour les principales fêtes de l'année, des
pratiques de dévotion, un magnifique traité sur
le sacrifice de la messe, sous le titre de *Trésor
caché*, des élévations sur les grandeurs de
Marie, une conférence pour les prêtres, très
goûtée de Benoît XIV, un directoire pour la
confession générale, le traité du Chemin de la
Croix, le Manuel sacré de la religieuse, et enfin
la Correspondance du grand missionnaire.
Pages variées, plus délicieuses les unes que les

1. *Œuvres complètes*, t. V, p. 348-372.
2. P. Raphaël de Rome, l. II, c. x.

autres et tout embaumées d'amour de Dieu!
Chacun choisira selon les attraits de son cœur;
pour nous, nous nous arrêtons de préférence
au volume des lettres, parce qu'il nous fait pénétrer plus avant dans les sentiments intimes
de notre héros.

Les saints, en effet, « ont ce privilège, par-
dessus les grands hommes qui ne sont que
grands hommes, d'apparaître d'autant plus
admirables et plus aimables qu'on les regarde
de plus près. *Qui verrait leur âme* serait à la
fois ébloui et ravi, parce que la flamme et la
lumière sont plus vives en ce foyer central que
dans leurs plus beaux rayonnements extérieurs;
mais personne, sinon Dieu, ne voit leur âme.
A défaut de cette vision, ce qui les révèle le
mieux, c'est le spectacle de leur vie quotidienne,
toujours conduite par le pur amour de Celui
qui est le suprême objet de l'amour; ce sont
leurs entretiens, intimes et non préparés, où le
dedans des sentiments et des pensées trans-
paraît plus sincèrement qu'ailleurs; mais ce
spectacle et ses entretiens passent avec eux et
avec l'heureuse génération des témoins et des
auditeurs contemporains. Ce qui en approche
le plus et qui nous reste, c'est leur histoire et
leur correspondance (1). » Nous avons largement esquissé la première, en ce qui concerne
l'apôtre du xviiie siècle; la seconde achèvera de
nous le faire connaître.

1. A. de Margerie, *Saint François de Sales*, p. 156.

CHAPITRE XX

Les religieux du couvent de Saint-Bonaventure, gardiens de la mémoire de notre Bienheureux, ont estimé, non sans motifs, que les trésors intellectuels renfermés dans sa correspondance pourraient profiter à d'autres qu'à eux, et ils les ont exhumés de la poussière. En 1853, le P. Salvator d'Orméa, publiant une édition complète des œuvres du Saint, y insérait quatre-vingt-dix-huit lettres échangées entre ce dernier et divers personnages (1). En 1872, à la suite de nouvelles fouilles, le P. Joseph de Rome enrichissait cette collection d'un apport assez considérable : quatre-vingt-six missives, adressées à une seule destinataire, dona Hélène Briganté Colonna, noble dame romaine (2). Les unes et les autres sont écrites en italien; le texte original fait partie des archives de la résidence de Saint-Bonaventure. Dans leur

1. V. traduction Labis, t. I, p. 417-632. (Casterman, 1858.)

2. Rome, 1872. — V. la traduction française : *La Direction d'une âme, Hélène Colonna*, par le R. P. Jules du Sacré-Cœur (Vanves, 1893). L'édition italienne renferme quatre-vingt-six lettres, dont vingt-cinq sans date. Pour ces dernières, le traducteur a rétabli l'ordre chronologique, que nous indiquerons dans nos références, en nous reportant à son opuscule.

ensemble, elles offrent toutes les variétés du genre épistolaire : simples avis, rapports diplomatiques, direction spirituelle, questions dogmatiques. Nous n'étudierons ici que les matières qui ont trait à la direction spirituelle ou aux questions doctrinales.

DIRECTION SPIRITUELLE

Chose étonnante ! Ce moine si constamment absorbé par les labeurs de l'apostolat trouvait encore le moyen d'entretenir un commerce épistolaire, non seulement avec ses supérieurs ou ses collègues, mais encore avec les sommites sociales du temps, nobles dames, prélats, souverains, y compris le chef de la catholicité. Il se plaint plus d'une fois dans ses lettres que le temps lui manque; mais la charité l'emporte sur la fatigue corporelle : il dérobe une heure au court sommeil qu'il s'accorde, et sait puiser dans son cœur et dans son expérience les consolations ou les conseils sollicités de son dévouement.

Les principaux destinataires sont trois dames : la reine Marie-Clémentine, la duchesse Acquaviva Strozzi et dona Hélène Colonna, toutes les trois de résidence à Rome ou dans les environs. Trois belles figures qu'illumine d'un vif rayon de lumière l'auréole de l'apôtre franciscain.

Marie-Clémentine descendait d'une race de héros, celle des Sobieski de Pologne. Elle avait épousé Jacques III d'Angleterre, prince réfugié à Rome et qui avait vainement tenté de recouvrer le trône de ses pères. Elle fut prématurément emportée par la mort, vers l'âge de trente ans, le 18 janvier 1735, laissant derrière elle deux fils, Charles et Henri, avec qui devait s'éteindre l'illustre et infortunée famille des Stuarts. Notre Bienheureux ne tarit pas en éloges sur le compte de cette princesse, « dont Rome ne cesse de pleurer la perte, déclare-t-il dans un de ses opuscules (1). D'une piété peu commune, elle faisait ses délices d'assister, chaque matin, à autant de messes qu'elle le pouvait. A la voir immobile, à genoux sur le pavé, sans coussin, sans appui, on l'eût prise pour l'ange de la prière. Et chez elle, quel désir de se nourrir chaque jour du pain des anges ! Quelle faim insatiable, et que de larmes pour obtenir cette faveur ! Elle se mourait de langueur, parce que son cœur se tenait constamment là où était l'objet de son amour. Dieu ne permit pas, cependant, que ses vœux fussent exaucés, sans doute afin d'élever son amour jusqu'à l'héroïsme, disons mieux, afin de faire d'elle une martyre d'amour ; car, à mon avis, c'est ce refus qui accéléra le dénouement fatal, et j'en ai la preuve dans la dernière lettre qu'elle m'écrivit, presque mourante. Ce qu'il y a de certain, c'est que si on lui refusa la communion fréquente, on ne lui en enleva pas le mérite. Privée des doux épanchements de la communion

1. *Le Trésor caché,* Œuvres complètes, t. II, p. 481.

sacramentelle, elle y suppléait par la communion spirituelle, qu'elle renouvelait, non seulement à chaque messe qu'elle entendait, mais mille et mille fois par jour, avec un contentement intérieur inexprimable. »

« Je ne crois pas, dit-il ailleurs, qu'il me soit jamais donné de rencontrer un cœur aussi détaché du monde et de toutes les grandeurs terrestres. Je n'ai pas éprouvé une douleur aussi vive à la mort de mes proches qu'à celle de la reine. Elle m'avait ouvert le livre de son cœur, et je connaissais les trésors de grâce que le ciel y avait déposés. — Le monde admire ses qualités extérieures, sa vie pénitente, sa modestie, son goût pour la retraite, sa conduite exemplaire ; mais le Fr. Léonard admire par-dessus tout ses vertus intérieures, son détachement absolu des créatures, son calme sous les coups du Dieu qui la crucifiait. Pour nous, efforçons-nous d'aimer Dieu comme elle l'a aimé ; laissons tout, pour tout retrouver en lui, et approprions-nous la devise de la reine : *Quod æternum non est, nihil est. Ce qui n'est pas éternel, n'est rien* (1). »

Le zélé directeur laisse ainsi tomber, en passant et d'une main discrète, quelques lueurs sur le visage transfiguré de la fille des Sobieski ; il ajoute qu'elle se plaisait à confectionner des ornements pour les églises pauvres, et que son exemple entraîna les dames de l'aristocratie

1. Correspondance, trad. Labis, t. I, lettres 15ᵉ et 16ᵉ, p. 443.

romaine. Mais il ne nous dit pas en quoi ses conseils contribuèrent à l'éclosion ou à l'épanouissement de toutes ces beautés morales, et nous ne le saurons jamais ; car sur ses instances pressantes, toutes les lettres échangées entre la reine et lui furent brûlées (1). Il regretta plus tard cet acte de prudence excessive, et nous le regrettons plus vivement encore que lui.

Nous serons plus heureux avec une autre de ses Philothées, la duchesse Acquaviva Strozzi, confidente de la reine Marie-Clémentine, peut-être une de ses dames d'honneur, et sœur du cardinal Acquaviva, cardinal protecteur de la congrégation des Bonaventurins. Nous possédons dix-huit des lettres de direction spirituelle qui lui sont adressées ; elles vont de l'année 1733 à 1747. C'est un écrin rempli de perles précieuses. Le cœur du Saint s'y épanche tout à l'aise, sans autre art qu'un immense amour des âmes. Avec quelle émotion attendrie il rappelle à la duchesse le souvenir de celle dont l'absence est pour l'un et l'autre un deuil si profond ! Avec quel soin paternel il cherche ensuite à allumer dans son cœur la flamme du zèle qui le consume lui-même !

« Je vous écris, lui dit-il, comme je le faisais avec notre bonne reine. Les honneurs qu'on lui a rendus adoucissent la peine que je ressens de sa perte. Il faut maintenant que vous et moi

1. Correspondance, t. I, lettres 16ᵉ et 18ᵉ.

nous profitions des beaux exemples de foi qu'elle nous lègue en héritage. Je voudrais vous voir devenir une sainte, parce que Dieu a de grands desseins sur vous. N'allez pas les contre-carrer par la tiédeur ; mais montrez-vous docile aux inspirations de la grâce. — Aidez-moi de temps à autre à gagner des âmes. Imitez la bonne reine, qui faisait la missionnaire et offrait au Père éternel le sang de son divin Fils, afin que ma parole pût aller au cœur de mes audi-teurs. De 4 à 6 heures, je croise l'épée avec les puissances infernales. Unissez-vous à moi : élevez votre cœur vers Dieu, aux mêmes heures ; offrez-lui le sang de son adorable Fils ; et vous voilà missionnaire à peu de frais (1). »

Ailleurs, il lui définit la sainteté et l'incite fortement au combat, à la vigilance, aux efforts énergiques, à l'espérance, à la résignation. « Ne cherchez que Dieu et ce qui plaît à Dieu ; dirigez toutes vos actions vers cette fin, et vous aurez trouvé le secret de la sainteté (2). — Les épreuves sont la voie royale de la sainteté (3). — Habituez-vous à adorer les dispositions de la divine Providence dans les petites croix, intérieures ou extérieures, qu'elle vous envoie chaque jour. Acceptez ces croix, pressez-les dans vos mains : ce sont autant de trésors. Tenez-vous unie au Cœur de Jésus ; là est la source de tout bien ; là vous puiserez la paix,

1. Correspondance, t. I, lettres 16° et 21°.
2. *Ibid.*, lettre 21°.
3. *Ibid.*, lettre 7°.

cette paix ineffable qui est l'avant-goût des joies du paradis (1). »

La duchesse se plaint elle de ses défaillances et des reprises du vieil homme ? Le sage directeur se hâte de la rassurer et de ranimer son courage par une pensée de foi. « Vos faiblesses ne doivent pas être pour vous un motif de découragement ; elles doivent plutôt vous exciter à la reconnaissance envers le Maître suprême, puisqu'il ne laisse pas de vous combler de ses bienfaits (2). »

Est-elle en proie aux désolations intérieures, à ces angoisses dont les plus grands saints ne sont pas exempts ? Il lui répond sur un ton de familiarité mêlé de finesse : « Ces aridités et distractions vous sont plus nécessaires que le pain de chaque jour. Dieu veut que vous les ayez. Sans elles, vous seriez une vaniteuse, une dévote pleine de suffisance, qui lui causerait mille dégoûts. Grâce à elles, au contraire, vous marchez la tête basse, vous vous reconnaissez pour ce que vous êtes, et vous parvenez d'autant plus à plaire à Dieu que vous vous déplaisez davantage à vous-même (3). »

Le découragement et la défiance paralysaient tous les efforts de la duchesse. Le Saint le lui reproche doucement et lui indique le remède à y opposer. « Dilatez votre cœur ! Les cœurs rétrécis par la défiance ne lui plaisent pas ; car

1. Correspondance, t. I, lettre 29°.
2. *Ibid.*, lettre 26°.
3. *Ibid.*, lettre 27°, p. 468.

ces craintes, ces inquiétudes proviennent d'un
manque de lumière ou de notions inexactes.
Dieu est amour. Connaissant la fragilité de
notre nature, il compatit à nos imperfections,
surtout lorsqu'elles ne sont pas pleinement volontaires. Il chérit les âmes saintement témé-
raires, qui non seulement espèrent, mais en qui
déborde l'espérance dans ses miséricordes infinies ; et puisque la défiance est la source empoisonnée de vos sécheresses, opposez-y hardi-
ment un cœur dilaté par la confiance. Dieu est
le souverain Bien ; aimez-le avec la partie su-
périeure de l'âme, qui n'est pas assujettie aux
sens, mais se règle d'après la raison, et persua-
dez-vous bien qu'on lui procure plus de gloire
par un seul acte de la volonté, réglé sur les
lumières de la foi, que par cent actes fondés sur
la tendresse sensible, qui est toujours mélangée
de quelque sentiment d'amour-propre, à peine
aperçu (1). »

Ne croirait-on pas entendre saint François de
Sales? C'est la même doctrine sûre et récon-
fortante, sous un ton plus sévère et avec un
langage moins imagé. Le Franciscain ressemble
à l'aimable évêque de Genève par la rectitude
du jugement; il lui ressemble aussi par la délicatesse des sentiments et la noblesse des motifs
surnaturels qui le dirigent en tout. A la mort
du cardinal Acquaviva (1747), il s'empresse
d'écrire à la duchesse: « J'accours vous exprimer

1. Correspondance, t. I, lettre 27ᵉ, p. 468.

la part que je prends au deuil qui vient de vous frapper dans la personne de votre frère; j'accours en même temps vous consoler, par la pensée que sa longue maladie, supportée avec tant de résignation, est un gage manifeste du salut de son âme (1). » C'est sur cette épître que se ferme la correspondance avec dona Strozzi.

Hélène Colonna est la troisième fille spirituelle de saint Léonard. Nous la connaissons un peu mieux que la précédente. Après treize années de mariage, elle devenait veuve, le 9 avril 1729. Elle comptait une trentaine d'années à peine! Elle avait six filles, dont trois moururent à la fleur de l'âge ; la vocation et l'établissement des autres lui causèrent, comme à toute mère, bien des tourments. Elle habitait ordinairement Tivoli, où l'apôtre franciscain vint prêcher une mission pendant l'Avent de 1730. Elle alla l'entendre, et se sentant touchée de la grâce, lui manifesta son intention de n'avoir plus désormais d'autre époux que le Christ. Il l'encouragea à persévérer dans sa résolution, la soutint de ses conseils, et continua par de nombreuses lettres le bien qu'il avait commencé de vive voix. Elle lui survécut de quinze ans, et le Fr. Diégo nous affirme qu'elle mourut en odeur de sainteté, à Assise, auprès du tombeau de saint François (2).

1. Correspondance, t. I, lettre 69°.
2. *Summarium*, p. 586; — et P. Joseph de Rome, *Hélène Colonna*, préface. — Une des filles d'Hélène Colonna s'était mariée au comte Angelini, d'Assise.

14

D'un style sobre et ferme, ce qui est le cachet du Saint, les épîtres dont elle fut l'heureuse destinataire, se distinguent des autres, ce nous semble, par plus d'onction et de suavité. Au reste, elles tendent au même but : rappeler à l'âme qu'elle est une exilée ici-bas, lui montrer par delà l'épreuve, les splendeurs et les joies, seules désirables, de la Jérusalem céleste, sa vraie patrie, et l'y conduire, sans rigorisme comme sans faux ménagements, par la voie royale de l'amour et du sacrifice.

En tête de ses missives, le Bienheureux inscrit cette franche déclaration, qui résume tout son programme : « Je ne veux pas seulement que vous sauviez votre âme ; je veux que vous deveniez une sainte. Préparez-vous à courber la tête, et tout s'arrangera (1). » Il ne se contente pas seulement de tracer le programme ; il aide la noble veuve à le réaliser ; et avec quel dévouement ! Nous soupçonnons, d'après ses réponses, que dona Colonna était une âme ardente, aux manières hautaines, au caractère indompté. Il la reprend, l'éclaire sur ses défauts et lui apprend l'art des arts, qui est de se vaincre soi-même et d'aimer Dieu. C'est un petit cours d'ascétisme, qu'elle provoque par ses demandes, et dont nous dessinerons les grandes lignes.

Au début, il lui écrit : « Soyez humble, aimez Dieu, détachez-vous des créatures, et vous

1. *Hélène Colonna*, lettre 4ᵉ.

serez sûre de ne pas vous tromper. — Quant aux imaginations qui se présentent à l'esprit, elles ne constituent un péché que par suite de l'adhésion de l'intelligence et de la délectation de la volonté. Autrement, il n'y a aucune faute; il y a même du mérite, si l'on supporte cet ennui pour l'amour de Dieu. En conséquence, ne vous inquiétez pas; mais, tout doucement, sans trouble, détachez votre pensée de ces folles imaginations (1). — Tout le mal vient de vos passions, vives et immortifiées. Il ne suffit pas de soumettre le corps; ce n'est là que le premier degré de la perfection. Il faut aller plus loin et discipliner aussi ces passions qui nous enlèvent la paix et nous détournent de la présence de Dieu (2). »

Les tribulations se multiplient, les infirmités s'aggravent, avec le poids des années. Le sage directeur ne se contente pas d'y compatir et d'adresser à sa Philothée de banales consolations; il lui explique le mystère de la douleur. « La plus grande marque que le Très-Haut puisse donner de l'amour qu'il porte à une âme, c'est de la tenir sur la croix, et les croix les plus méritoires sont celles qu'il choisit pour nous, et non celles que nous choisissons de notre propre chef. Tenez-vous donc dans une entière résignation et dans la paix du cœur, et vous acquerrez par là, avec de grands mérites,

1. *Hélène Colonna*, let   2°.
2. *Ibid.*, lettre 3°.

une belle place dans le paradis (1). » — Et un peu plus loin : « Les autres compatissent à vos douleurs ; moi, je m'en réjouis avec vous, parce que je vois que par là le Seigneur dompte votre tempérament. Croyez-moi, une once de souffrance ou d'humiliation vaut mieux que cent livres de jouissances sensibles ou d'applaudissements (2). — Les souffrances intérieures ou extérieures sont le bois qui entretient le feu de l'amour divin (3). — Sainte Thérèse s'écriait fréquemment : *Ou souffrir ou mourir.* Pour vous, voici la devise qui vous convient : *Souffrir et aimer.* — Priez pour moi, comme je prie pour vous. Vive Jésus ! Que Dieu vous bénisse (4) ! »

Nous sommes là sur les hauteurs mystiques ; nous y respirons comme un parfum du Calvaire, et nous y entendons des paroles d'une sublime philosophie.

Souffrir et aimer, aimer surtout, aimer toujours davantage ; ces deux mots résument, en effet, tout l'enseignement des maîtres sur la purification progressive des puissances de l'âme et ses ascensions vers Dieu. Le reste n'est qu'un moyen. Aussi le Bienheureux prie-t-il sa Philothée de modérer ses pénitences corporelles, et l'engage-t-il à tourner tous ses efforts, d'abord vers la réforme intérieure, ensuite vers l'acquisition des biens qui ne périssent

1. *Hélène Colonna,* lettre 21°.
2. *Ibid.,* lettres 18° et 23°.
3. *Ibid.,* lettre 33°.
4. *Ibid.,* lettre 71°.

pas. « Apportez le plus grand soin, ajoute-t-il, à conserver trois sortes de pureté : la *pureté de l'âme*, par la détestation du péché; la *pureté du cœur*, en ne cherchant en toutes choses que la sainte volonté de Dieu, et la *pureté de la conscience*, une pureté angélique (1). »

Les dernières missives roulent sur la charité divine. Elles sont riches de doctrine et étincellent de beautés littéraires, quoique l'auteur ne les recherche pas. « Notre plus proche parent, écrit-il à dona Colonna, est notre grand Dieu, envers qui nous avons des obligations infinies. — Ne tenez compte que de lui; tout le reste est moins qu'un grain de sable (2). — Aimez Notre-Seigneur, aimez-le à votre manière; mais aimez-le passionnément, sans borne et sans mesure. Je ne voudrais pas que ce fût un amour efféminé, consistant dans les larmes et les affections sensibles, mais un amour pur, jailli du cœur et issu des clartés de la foi, laquelle nous apprend combien sont grandes la beauté, la bonté, la sainteté de Dieu et comment elles méritent d'être aimées par des cœurs infinis. Cet amour a quatre degrés : *l'amour de complaisance*, qui contemple et savoure l'infini des perfections de Dieu; *l'amour de bienveillance*, qui souhaite que Dieu soit connu et aimé de toutes les créatures; *l'amour de préférence*, qui place Dieu au premier rang, au-dessus de toutes les créatures possibles ou imaginables; enfin

1. *Hélène Colonna*, lettre 64°.
2. *Ibid.*, lettres 47° et 63°.

l'*amour douloureux*, c'est-à-dire la vraie contrition... Vous voyez que je vous ai traitée en grand; je vous ai écrit un in-folio, mais à la hâte et bien rapidement, car le temps me manque. Que Dieu vous bénisse (1). »

On peut rapprocher de ces lettres une épître adressée aux habitants de Fabriano, à l'occasion de ces tremblements de terre si fréquents en Italie. « Ah! Fils bien-aimés, de quelle amertume mon cœur a été rempli en apprenant que votre ville vient d'être en butte aux coups de la colère divine! Consolez-vous, cependant, au milieu de vos malheurs; car les désastres eussent été beaucoup plus considérables, si l'auguste Mère de Dieu et mon patron saint Vincent Ferrier n'avaient retenu le bras du Sauveur... Que ce châtiment serve à vous faire comprendre qu'il existe un Juge équitable, et que ce Juge suprême, quoique la miséricorde par essence, ne rencontrant devant lui que des esprits révoltés, finit par permettre à la justice de suivre son cours... Combien de fois n'avez-vous pas profané la maison de Dieu? Faut-il donc s'étonner que, dans son juste courroux, il ait jeté par terre vos maisons avec la sienne? Ayez confiance, malgré tout, dans sa bonté infinie, et soyez assurés que si vous joignez l'amendement au repentir, il vous pardonnera. Et comme je

---

1. *Hélène Colonna*, lettres 63e et 75e. — La 75e est très remarquable. Nous ne faisons qu'analyser succinctement la doctrine du Bienheureux sur les quatre degrés de l'amour divin.

vous porte dans mon cœur, je pleure devant
Dieu et veux m'offrir comme victime aux coups
de sa justice, en le conjurant de décharger ses
foudres sur moi et de vous pardonner (1). »

Dans sa prédication, le Bienheureux nous est
apparu sous un aspect sévère. C'était l'ambassadeur de Dieu chargé de réveiller les peuples
assoupis; il lui fallait bien tonner contre les
vices de ses contemporains et gémir sur leur
endurcissement! Sa correspondance nous le
dépeint tel qu'il était dans sa vie intime, tel que
nous aimons à nous le représenter, guide sûr et
dévoué, mystique profond, mais opposé aux
folles rêveries, cœur ouvert, ami fidèle, s'asso-
ciant à toutes les joies, compatissant à tous les
deuils, et, par-dessus tout, saint et sanctifiant,
entraînant les autres à sa suite vers les cimes
du Calvaire. C'est par là qu'il dépasse infiniment
les philosophes de l'antiquité et nos humanistes
modernes; il relève, il guérit, il console, à la
différence de ces rhéteurs qui ne nous servent,
sous des périodes sonores, que des théories
creuses sur l'instabilité des choses, quand ils ne
prêchent pas directement le fatalisme ou la dé-
sespérance.

1. *Œuvres complètes*, t. I, lettre 36e.

CHAPITRE XXI

Des lettres qui nous restent de notre Bienheureux, presque toutes sont consacrées à la direction spirituelle. Deux épîtres seulement abordent une question dogmatique; mais l'importance de la cause en elle-même et la part qu'elle occupe dans l'existence de l'apôtre franciscain, ne nous permettent pas de les passer sous silence.

Il s'agit du privilège de l'Immaculée-Conception. « Cette vérité, révélée par l'Esprit-Saint, recueillie dans l'Église, enseignée par les saints Docteurs, crue avec une fidélité toujours plus grande par le peuple chrétien (1) », et contenue dans la notion même de la maternité divine de Marie, n'est parvenue à la plénitude de la lumière qu'au xixe siècle, où Pie IX l'a élevée au rang des dogmes de notre foi. On sait de quels débats elle fut l'objet dans les écoles, surtout à partir du xiiie siècle. La question était mal posée et paraissait insoluble. Enfin parut un magnifique génie, Duns Scot, qui sut la présenter sous son vrai jour, en s'inspirant des croyances déposées au sein de l'Ordre minori-

1. Dom Guéranger, *L'Année liturgique*, 8 décembre.

tique par le fondateur, saint François d'Assise.

« Marie, dit le célèbre docteur, Marie a été ou préservée dans sa Conception, ou sanctifiée immédiatement ou plus tard. Dieu a pu faire ces trois choses. A quel plan s'est-il arrêté? Lui seul le sait. Toutefois, si mon sentiment ne répugne pas à l'autorité de l'Église et ne contredit pas celle des Écritures, il semble plus rationnel d'attribuer à Marie ce qui est plus excellent (1). » Ailleurs il affirme plus nettement encore que Marie n'a pas subi la déchéance originelle, parce qu'elle n'a jamais pu être en aucune façon « l'ennemie de Dieu (2) ».

Obligé, s'il faut en croire les auteurs franciscains (3), de comparaître devant ses pairs pour justifier son opinion, il résuma sa thèse dans ces trois mots lumineux : *Debuit, voluit, ergo fecit.* Il est de toute convenance que la Vierge de Juda, par une exception due à sa maternité divine, ait été *préservée* de la tache originelle. « Dieu a pu faire ce miracle; il l'a voulu; donc il l'a fait. » L'argument est irréfutable. Duns Scot s'était immortalisé. L'Université de Paris,

1. Duns Scot, *in III Sentent. d. 3. q. 1.*
2. *Ibid.,* d. 18. — Cf. *Opus oxoniense* et *Reportata parisiensia.*
3. Le P. Monsabré (*Carême,* année 1877, p. 400) traite de fable le tournoi théologique de Paris. Le P. Prosper de Martigné lui a répondu dans son beau livre de *La Scolastique.* Quand même, du reste, on ne pourrait pas démontrer la vérité historique de l'*Actus sorbonicus* en question, l'enseignement invariable de Scot sur l'Immaculée-Conception n'en serait non moins authentique ni moins formel.

comme pour sanctionner sa victoire, l'honora du nom de *Docteur subtil;* celle d'Oxford lui avait décerné, quelques années auparavant, un titre plus expressif et que nous sollicitons pour lui : celui de *Docteur marial* (1).

Sa thèse devint celle de toute sa famille religieuse, la *Thèse franciscaine* par excellence. Dès lors, la ferveur prit, dans tout l'univers, un nouvel essor, et l'Ordre séraphique, fidèle aux prédilections du Patriarche d'Assise, « se posa pour jamais comme le défenseur officiel de la Conception Immaculée. A partir de ce jour, ce n'est plus qu'un concert, qui tend à devenir unanime, des saints, des docteurs, des pontifes, des fidèles, jusqu'à ce que Sixte IV, aussi enfant de saint François, inaugure la fête de la Conception dans l'Église romaine (2) ». Pie V insère cette fête dans l'édition universelle du Bréviaire romain; Clément IX accorde au royaume de France de la célébrer avec octave, faveur qu'Innocent XII étend à toute la chrétienté.

Ces résultats acquis ne suffisent pas à la piété

1. Au Congrès Marial de Lyon (1900), et sur la proposition du P. Bonaventure de Carpentras, capucin, un vœu relatif à Duns Scot fut inséré dans le rapport général, lu en séance publique et acclamé. Voici les termes du Vœu : « Le Congrès unit son Vœu à celui de l'Ordre entier des Mineurs, pour hâter la glorification du serviteur de la Vierge et lui obtenir le titre officiel de *Docteur de l'Immaculée* ou de *Docteur marianite,* que lui avait décerné l'Université d'Oxford. » (Voir le Congrès Marial de Lyon, 1900, t. II, p. 727.)

2. Dom Guéranger, *Mémoire sur l'Immaculée-Conception,* p. 101.

de saint Léonard. Il veut que la gloire de Marie soit complète ; il aspire à une définition doctrinale et définitive, et multiplie, à cet effet, les démarches auprès de la cour romaine, des ambassadeurs et des nonces. C'est le sujet des deux épîtres que nous avons signalées à l'attention de nos lecteurs. La première est adressée à son ami Mgr Crescenzi, alors nonce à Paris. Elle a été écrite au moment de l'interrègne entre Clément XII et Benoît XIV. Voici en quels termes le fervent serviteur de Marie expose ses vœux et réclame le concours du nonce.

« Je voudrais, quand vous aurez l'occasion de vous entretenir en particulier avec la reine (1), vous voir lui insinuer la dévotion à l'Immaculée Conception de la Vierge Marie et lui recommander, si elle veut que le royaume soit heureux, son royal époux dans un état prospère, et que la succession au trône se perpétue dans la famille royale, d'être tendrement dévouée à l'Immaculée Conception. Qu'elle ait à cœur de travailler, comme à la chose la plus importante qu'il y ait au monde, à obtenir la définition dogmatique de cette vérité. Tout se dispose favorablement dans ce sens. Déjà la couronne d'Espagne s'intéresse vivement à l'issue de cette cause. Si la pieuse reine (Marie Leczinska) s'emploie pour que la France apporte son concours au succès de cette grande affaire — la plus grande qui se traite et se soit

1. La pieuse Marie Leczinska, épouse de Louis XV.

jamais traitée dans les cabinets des rois ou dans les assemblées publiques — dites-lui de ma part que le salut de son âme est assuré, et que sa couronne royale, couronne bien fragile, après tout, se changera en un diadème de gloire pour l'éternité. — Faites les mêmes communications au cardinal Fleury, et dites-lui que s'il veut, avant de mourir, voir la France heureuse, les hérésies abattues, les différends entre les divers potentats de la terre aplanis, il ait à faire tous ses efforts pour que l'Immaculée Conception soit déclarée article de foi. — Que le Seigneur m'accorde la grâce d'être témoin de cette gloire rendue à mon auguste Souveraine, et puis qu'il me fasse mourir ! Que votre Excellence déploie, de son côté, toutes les ressources de son intelligence pour hâter le dénouement de cette affaire et qu'elle la regarde comme la plus importante qu'elle ait à traiter dans sa nonciature, et sa récompense auprès de Dieu ne sera pas médiocre (1). »

Dans cette même lettre, il expose au nonce son plan pour réunir un concile œcuménique sans frais ni déplacements. Il y revient, et avec plus de détails, dans la seconde missive; et voilà pourquoi nous passons tout de suite à celle-ci. Cette seconde épître ne porte ni suscription, ni date; mais le contenu nous indique clairement qu'elle a été écrite au lendemain de la délivrance de Gênes (10 décembre 1746).

1. *Œuvres complètes,* Correspondance, t. I, p. 474.

« Elle est devenue célèbre, remarque Mgr Malou, parce qu'on la considère comme l'expression d'un esprit prophétique (1). » Nous y lisons :

« Je voudrais que le grand mystère de l'Immaculée-Conception fût déclaré article de foi. Ne vous effrayez pas de cette idée, comme s'il s'agissait de tenter l'impossible. Cette impossibilité imaginaire est précisément l'entrave qui enraie la conclusion de l'affaire la plus importante qu'il y ait au monde. Grâce à Dieu, la question est beaucoup plus avancée qu'on ne se le figure. Jugez-en par les détails confidentiels que je vais vous communiquer.

« Lorsque le pape Clément XII, de sainte mémoire, daigna m'accorder le bref relatif aux indulgences du chemin de la croix, j'eus la hardiesse de lui demander de vouloir bien promulguer le grand mystère. Je rencontrai les difficultés accoutumées. Ne pouvant donc obtenir toute la consolation que je désirais, je sollicitai la permission de sonder à cet égard le sentiment des cardinaux ; le Saint-Père me l'accorda. Je visitai les cardinaux les uns après les autres, et tous ceux qui étaient à Rome se montrèrent enclins à favoriser la pieuse croyance, tous, excepté un seul, que le Seigneur rappela à lui.

« Le conseil le plus sage fut celui que me donna feu le cardinal Impériali (2) : « Ecoutez, « me dit-il : il y en a qui pensent que le pape ne « peut pas définir ce mystère sans le concours

1. *L'Immaculée-Conception*, t. II, p. 330.
2. Génois de naissance, mort à Rome en 1733.

« d'un concile général. Sans vouloir contredire
« cette opinion, je vais vous suggérer le moyen
« d'assembler un concile sans frais. Vous tous,
« Observants, Récollets, Conventuels et Capu-
« cins, qui êtes répandus dans le monde entier,
« obtenez de vos Généraux qu'ils envoient une
« circulaire à tous les Provinciaux, les chargeant
« d'engager les évêques à adresser, tous en-
« semble, leurs instances au Saint-Père pour la
« définition du grand mystère. Tenez pour cer-
« tain qu'à peu d'exceptions près, vous les trou-
« verez tous favorables à vos vœux. Et voilà le
« concile réuni ! Allez voir les ambassadeurs des
« nations, et tâchez d'obtenir qu'ils écrivent à
« leurs souverains, afin que ceux-ci fassent la
« même démarche. »

« J'y allai ; ils ont écrit, et toutes les têtes
couronnées ont applaudi. Ajoutez que vous
aurez avec vous toutes les Universités, puisqu'elles s'engagent à défendre cette prérogative
de la sainte Vierge ; et de même les chefs des
Ordres religieux, sauf un ; enfin tous les États
catholiques et les fidèles de tous pays. Voilà
donc l'Église universelle réclamant la définition
désirée...

« Prions avec instance, afin que l'Esprit-
Saint inspire à notre Saint-Père le Pape la pensée de s'occuper avec ardeur d'une œuvre d'où
dépend le repos du monde ; car je crois fermement que si l'on rend cet insigne honneur à celle
qui est la Souveraine de la création, on verra à
l'instant se rétablir la paix universelle. Oh ! quel

grand bien! J'en parlai un jour à Benoît XIV,
et lui fis observer qu'il s'immortaliserait par
là sur la terre et qu'il acquerrait une couronne
resplendissante de gloire au ciel. Mais il est
nécessaire qu'un rayon de lumière descende
d'en haut; s'il ne vient pas, c'est un signe que
le moment marqué par la Providence n'est pas
encore arrivé et qu'il faudra continuer à patien-
ter, en voyant un monde si divisé. On éprouve
du plaisir, quand même, à parler de ce sujet; et
à défaut de mieux, on a du moins obtenu qu'il
y eût chapelle papale pour la solennité de l'Immaculée-Conception (1). »

Le zélé serviteur de Marie ne verra point se
lever ce jour à jamais béni, où le successeur de
Pierre, le Docteur infaillible, attachera au front
de la Reine des anges le plus beau diamant de
sa couronne, parmi les acclamations enthousiastes de la foule et aux applaudissements de
tout l'univers. Il n'aura point cette consolation
tant souhaitée; mais il a le mérite de compter,
à côté des Duns Scot, des Bernardin de Sienne,
des Louis d'Argentan, parmi les témoins de la
croyance traditionnelle, et l'on ne remarquera
pas sans admiration, avec Mgr Malou, que le
plan exposé dans sa correspondance pour recueillir les suffrages de l'Église universelle, sera

---

1. *Œuvres complètes*, t. I, p. 582. — Il est vraisem-
blable, d'après les expressions finales de la seconde
missive, que le Saint fut le promoteur du décret de
Benoît XIV concernant la *Chapelle papale* (décret du
26 novembre 1742).

précisément le mode adopté en 1854, lorsqu'il
s'agira de définir et de promulguer le dogme de
l'Immaculée Conception. Pie IX, entendant
parler de cette lettre « prophétique », en deman-
dera une copie, la lira et s'en inspirera « pour
réunir un concile œcuménique sans frais ni
déplacements ».

Le serviteur de Marie a le mérite, aussi,
d'avoir entrevu les torrents de grâces et de bénédictions qui découleraient de cette définition
dogmatique comme d'une source inépuisable.
C'est ce qu'il affirme, à la dernière page de la lettre adressée au personnage anonyme de Gênes.

« Je prie votre Seignerie, lui dit-il, de se
joindre à moi et d'être tout particulièrement
dévot à l'auguste mystère de l'Immaculée-Conception, afin que là-haut, nous puissions dire
un jour : « Mère bien-aimée, j'ai plaidé votre
« cause. » Au son de chaque heure, récitez un
Ave Maria, et dites du fond du cœur : « Je vous
« aime, ô Vierge des vierges, et me réjouis de
« ce que vous êtes immaculée, toute pure et
« toute sainte (1). »

Ces deux épîtres méritaient, en raison de leur
importance, une étude spéciale. Elles sont à la
fois une lumière et une jouissance pour nous;
elles nous dévoilent si clairement les sentiments
les plus intimes de notre héros, et laissent trans-
pirer d'une manière si sensible, à travers les
lignes, l'ardeur et la délicatesse du culte filial

1. *Œuvres complètes*, t. I, p. 587.

qu'il avait voué à l'auguste Vierge Marie ! Est-
il besoin d'ajouter que chez lui ce n'était point
une théorie purement spéculative, mais que les
actes valaient encore mieux que les écrits et les
paroles ? Tous les mercredis, il jeûnait en l'honneur de la sainte Vierge ; de même la veille de
ses fêtes. Il se préparait à l'Immaculée-Conception, comme à la Nativité et à l'Assomption,
par une neuvaine ; aux autres fêtes, par un
triduum. Chaque jour, il récitait le chapelet des
sept allégresses, si fortement recommandé par
saint Bernardin de Sienne. Quand il travaillait,
il avait toujours devant lui le petit médaillon
représentant la Vierge immaculée ; souvent il le
pressait contre son cœur ou y collait ses lèvres,
protestant qu'il voulait être un de ses serviteurs,
le plus petit, et aussi l'un de ses chevaliers, non
le moins fidèle. « Partout, déclare-t-il, je célé-
brerai ses gloires. Je parlerai d'elle fréquemment, j'y penserai continuellement, et je favori-
serai toutes les formes de dévotion instituées
en son honneur (1). » C'est ce qu'il faisait, nous
l'avons vu, tantôt du haut de la chaire, tantôt
dans sa correspondance privée, se comportant
toujours et partout en digne héritier de la piété
et des prédilections du Patriarche séraphique.

Jusqu'ici nous avons suivi pas à pas l'apôtre
dans ses relations avec le prochain : direction
spirituelle, excursions incessantes, et travaux
gigantesques, mêlés d'épreuves pour lui et cou-

1. P. Raphaël de Rome, l. II, c. XII.

15

ronnés de magnifiques moissons pour les greniers du Père de famille. Mais l'apôtre est ici doublé d'un saint, et l'âme d'un saint est un sanctuaire qu'il ne faut pas seulement considérer *par le dehors*. Si on veut la connaître, il faut pénétrer dans l'intérieur, il faut arriver à découvrir les ornements et les richesses *du dedans*, c'est-à-dire les beautés morales et les vertus. L'étude psychologique s'impose donc à l'historien comme le complément obligé de l'étude biographique : étude difficile, toujours incomplète ici-bas, mais si ravissante et si féconde en leçons pour l'orientation de la vie! Essayons, en condensant dans quelques pages tout ce que les contemporains ont admiré, tout ce qu'ils ont pu dérober à l'humilité du disciple de saint François.

CHAPITRE XXII

LE SAINT

Les saints forment une élite; ils sont la fleur et la gloire de l'humanité. Mais ce serait une illusion et une grave erreur de croire qu'ils ont été pétris d'un autre limon que nous. Leur liberté, comme la nôtre, a été soumise à l'épreuve. Ils ne sont pas nés saints; ils le sont devenus. Ils ont rencontré la tentation sur leur route; la vertu a été le prix de leurs efforts, et le ciel, une conquête. Qui d'entre eux, à moins d'un privilège spécial, n'a gémi sous le poids des inclinations de la nature? Qui n'a subi quelque défaite partielle, avant d'arriver à la victoire finale et définitive? En revanche, tous ont compris qu'ils avaient besoin, pour vaincre, d'un supplément de forces qui ne peut venir que d'en haut; tous ont rempli jusqu'à l'héroïsme les obligations de leur état; tous ont aimé Dieu jusqu'à l'oubli d'eux-mêmes et ont pris pour modèle le Saint des saints, le Verbe incarné, anéanti dans la Crèche, immolé sur la Croix. En un mot, tous sont des vainqueurs rayonnants de la beauté même de Dieu, dans la mesure où ils participent à ses perfections infinies.

Quelles ont été les luttes qu'a soutenues le fils de Dominique Casanova, pour dompter

« ce tempérament de feu » dont parle le Frère Diégo (1)? Le silence de ses biographes sur ce point nous prive, à notre grand regret, de notions qui n'eussent pas manqué d'être instructives pour nous. Ce que nous savons, c'est qu'il porte au front l'auréole des apôtres.

« Je suis venu apporter le feu divin sur la terre, disait Notre-Seigneur à ses disciples, et qu'est-ce que je veux, sinon qu'elle en soit embrasée? » Une étincelle de ce feu est tombée sur le cœur de notre Bienheureux et y a allumé un immense incendie, qui ne s'éteindra qu'avec son dernier soupir. Prêtre, enfant de saint François, il aime les âmes, toutes les âmes, les ayant toutes épousées au jour où l'évêque lui a dit : « Tu es prêtre pour l'éternité. » Une maladie cruelle paralyse, pendant quelques années, l'ardeur de ses désirs; une guérison miraculeuse le rend à sa vocation, et alors il n'a plus d'autre programme que Dieu et les âmes.

Les âmes! Pour elles, il a tout sacrifié; pour elles, il se donne lui-même tout entier; pour elles, il se fait le chevalier errant de l'apostolat. Pendant quarante années, il s'en va, tête nue et pieds nus, la croix à la main, par les frimas de l'hiver ou sous les ardeurs d'un soleil brûlant, à travers les plaines de la Toscane, sur la cime des Apennins ou sur les âpres rochers de la Corse, sans repos, sans relâche, à la recherche des brebis égarées. Rien ne l'arrête, ni les rebuts

____

1. « Natura ignea. » (*Summarium*, p. 829.)

qu'il éprouve, ni les souffrances inséparables d'un pareil genre de vie. A Salci, il est surpris par la nuit, avant d'avoir pu atteindre Viterbe; il s'égare dans les bois, s'engage dans des terrains marécageux, allume un grand feu au milieu des broussailles pour sécher ses vêtements, et se voit bientôt environné de paysans en armes, qui le prennent pour un brigand, avant de reconnaître le missionnaire vénéré. Plus tard, traversant les montagnes qui entourent Bologne, il est tellement épuisé de fatigue, que quelques-uns de ses compagnons sont obligés de le traîner par une corde attachée à sa ceinture, pendant qu'un autre dirige la marche, une lanterne à la main. Le zèle est fait de patience et de sacrifices, et l'on ne saura qu'au grand jour des révélations ce qu'a coûté de peines aux missionnaires la conversion des âmes qu'ils ont arrachées au naufrage.

Il est difficile de donner une idée du zèle vraiment extraordinaire qui animait notre Bienheureux. « Pour sauver une âme, dit le Fr. Diégo, il eût sacrifié mille vies et serait allé jusqu'au bout du monde. Lui-même, ajoute-t-il, se déclarait prêt à rester indéfiniment au seuil de l'enfer, si c'eût été possible, pour empêcher les âmes d'y tomber (1). » Jamais négociant n'a mis plus d'ardeur à fouiller les entrailles de la terre

1. Sauf indication contraire, la première partie du présent chapitre est tirée du P. Raphaël de Rome (l. II, c. v et vi), et de la déposition du Fr. Diégo (*Summarium*, p. 577 et seq.).

pour y découvrir un filon d'or, que lui à courir
après ses frères les pécheurs pour les gagner à
Dieu. Lorsqu'on s'en étonnait : « Vous ne savez
donc pas, répliquait-il en montrant son crucifix,
vous ne savez donc pas quel est le prix des
âmes? Une âme vaut autant que le sang du
Christ. » Cette réponse, ces vues surnaturelles éclairent toute son existence; elles nous
donnent la clef d'un courage supérieur à tous
les périls, et d'un dévouement poussé jusqu'aux dernières limites de l'héroïsme. Il avait
entrevu, à travers les plaies de l'Homme-Dieu
mourant, la beauté des âmes rachetées à si haut
prix.

La parole de Dieu et la prière sont les deux
leviers qui soulèvent le monde moral, deux
leviers plus puissants en temps de mission.
Aussi le serviteur de Dieu félicitait-il chaleu-
reusement ceux qui favorisaient de leur or ou de
l'aumône de leurs prières l'œuvre du ministère
évangélique. « Œuvre capitale, excellente en
elle-même et profitable pour vous! leur disait-il;
car par là vous deviendrez, vous aussi, des coopé-
rateurs du Christ, et bon nombre d'âmes vous
devront leur salut. »

Sa caractéristique est donc le zèle, un zèle
pur dans sa source, désintéressé dans ses motifs,
illimité dans son champ d'action; un zèle in-
ventif aussi. A Rome, il introduisit l'usage de
réciter trois *Pater* et trois *Ave* le vendredi, à
3 heures, en l'honneur de la Passion; et dans
toute la péninsule, la pieuse salutation *Laudetur*

Jesus Christus (1), la dévotion des trois *Ave Maria*, l'exercice du chemin de la Croix. Il imprima un nouvel essor à l'Œuvre de l'Adoration perpétuelle du Saint Sacrement, raffermit plusieurs associations en souffrance, et créa lui-même celle des *Amants de Jésus* (2).

Son zèle était, en outre, marqué d'un trait de famille, de l'empreinte *franciscaine*. Sans doute il distribuait volontiers à tous les miettes sacrées de l'Évangile : aux grands du monde, parce qu'ils doivent l'exemple (3); aux communautés religieuses, parce qu'elles sont le sel de la terre; aux prêtres, parce que c'est d'eux que dépend le salut des peuples. Mais il allait de préférence aux déshérités de la terre, à ceux dont personne ne s'occupe ou qui s'abandonnent eux-mêmes : les enfants délaissés, le peuple des campagnes, les pécheurs scandaleux. Dieu lui avait donné grâce pour réussir. Signalons particulièrement une œuvre aujourd'hui très populaire, mais alors inconnue, l'Œuvre des catéchismes; il l'établit à Rome, avec le concours de plusieurs dames de qualité (4).

Autre observation facile à constater. Au milieu de tant de pérégrinations, d'aventures et d'épreuves, il gardait constamment cet humour et cette joyeuse sérénité qui sont également le

---

1. P. Raphaël de Rome, *Témoignages*, p. 517.
2. *Œuvres complètes*, t. VII, p. 465.
3. Le *Summarium* (p. 195-233) nous le montre prêchant des retraites pascales à Rome en 1732, 1741 et 1743, aux palais Pallavicini, Colonna et Doria.
4. *Summarium*, p. 277.

cachet des fils du Poverello. A la suite d'un
voyage de Riéti à Rome par un froid très rigoureux, il eut les pieds gelés, et les ongles tombèrent. Son compagnon, voyant le sang couler,
ne put s'empêcher de pousser un cri d'effroi.
« Mon frère, lui dit-il aussitôt, il n'y a pas là de
quoi se désoler! Cinq ongles perdus pour l'amour
de Dieu, n'est-ce pas cinq couronnes gagnées
pour le Paradis? Il n'y a pas lieu non plus d'en
rougir. Le missionnaire ressemble au soldat,
qui montre avec un légitime orgueil les blessures
reçues au champ d'honneur. » Le pressait-on,
parce qu'une esquille d'os avait pénétré les
chairs, de prendre un peu de repos? « Ce serait
une honte pour un soldat, répliquait-il, de déposer les armes à la première blessure! » Était-il
mal accueilli par la population? « Il paraît,
disait-il à ses compagnons, que notre arrivée
déplaît à l'enfer! C'est de bon augure pour nous;
car le peu que nous endurons nous vaudra une
pluie de grâces pour ce pauvre peuple. » Les
affronts et les injures ne troublaient pas davantage la paix de son âme; il pratiquait alors ce
qu'il conseillait à dona Colonna : « Réjouissons-
nous; car une once d'humiliation vaut mieux
que cent livres d'honneurs et de louanges. » Il
avait journellement sur les lèvres de ces fines
saillies et de ces mots heureux qui épanouissent
les cœurs et font oublier les mécomptes de la
vie (1).

1. P. Raphaël de Rome, l. II, c. viii et ix.

Son existence est formée de contrastes. Il demeure calme et insouciant du lendemain, lorsqu'il est privé de tout; plein d'allégresse, lorsqu'il souffre; débordant de zèle et d'activité, lorsqu'on le rebute. Il y a là une énigme qu'il faut déchiffrer, un secret que vont nous dévoiler ses actes et ses paroles.

Au cours de ses pérégrinations, il se rencontra, à Acquapendente, avec un autre missionnaire déjà célèbre, mais plus jeune que lui, saint Paul de la Croix. Bientôt s'éleva entre eux une contestation qui nous édifie sur leur humilité : invités à prêcher l'un ou l'autre, ils se renvoyaient réciproquement l'honneur. Le P. Léonard finit par céder. Après la prédication, le P. Paul lui demanda, comme à un maître, quelles devaient être les qualités d'un bon missionnaire. « Je suis d'avis, lui répondit le Franciscain, que pour être un bon missionnaire, il faut avoir un intérieur bien ajusté (1). » La leçon plut à saint Paul de la Croix, et elle donne en effet du missionnaire une définition aussi complète qu'elle est concise.

« Un intérieur bien ajusté », c'est-à-dire un intérieur où tout est dans l'ordre, où l'amour de Dieu tient le sceptre et règle tous les mouvements. C'est précisément ce que nous admirons dans notre Bienheureux. « Aimer et souffrir » était sa devise avant qu'il conseillât aux autres de l'adopter. Dieu ! Il l'aimait « passionnément »;

1. P. Louis de Jésus, *Saint Paul de la Croix*, p. 563.

il l'aimait comme l'aiment les séraphins du ciel, sauf la certitude de ne pouvoir défaillir dans sa fidélité. Il se dédommageait à la manière des saints, en s'immolant pour lui; nous avons vu par quels actes et avec quelle générosité! Mais il nous plaît d'approfondir ce mystère et d'examiner maintenant la cause qui a produit de tels effets. Grâce à ses confidents, ce ne nous sera pas impossible. N'ont-ils pas sondé sa conscience jusque dans ses derniers replis? N'ont-ils pas entendu les accents mélodieux qui s'en échappaient? N'ont-ils pas recueilli jusqu'à ses moindres paroles? Ils sont donc autorisés à nous dépeindre l'héroïcité affective aussi bien qu'effective de son amour pour Dieu. Ecoutons-les.

« Je ne puis me flatter de ne plus retomber dans aucune faute, écrivait le Bienheureux dans ses résolutions de retraite; mais du moins toute la cour céleste m'est témoin que mon unique désir est d'aimer Dieu parfaitement, et même de vivre dans un continuel exercice d'amour envers lui. — Je veux l'aimer pour lui-même, à cause de ses perfections infinies; et j'entends, ajoutait-il avec la sublime audace des saints, j'entends ne le céder à personne en fait d'amour. »

La charité divine était en lui un feu consumant dont il ne pouvait contenir les ardeurs. Il regrettait que tous ses membres ne fussent pas changés en autant de langues pour publier les bienfaits du Créateur. Il aurait voulu avoir une voix assez puissante pour se faire entendre des deux mondes et remuer les entrailles de l'humanité. Il se plaisait à répéter chaque jour à ses coadjuteurs : « Mes Frères, aimons Dieu, et devenons des saints. » Il avait l'habitude, à la fin des missions, de dire à la population qu'il quittait : « Gravez bien ces trois mots dans votre mémoire : *Rien contre Dieu ! Rien sans Dieu ! Rien qui ne soit pour Dieu !* » Lorsqu'il cheminait à travers la campagne, la vue des splendeurs de la nature le jetait dans une douce extase ; et reportant ses regards vers le Créateur, il disait, en vrai disciple de saint François : « Seigneur, laissez-moi vous louer et vous bénir. Laissez-moi vous offrir autant d'actes d'amour qu'il y a de feuilles dans les forêts, de fleurs dans les prairies, d'étoiles au firmament, de gouttes dans les fleuves, de grains de sable aux bords de la mer. »

Parler à Dieu, parler de Dieu ou pour la cause de Dieu, faisait l'unique occupation et les délices du fils de Dominique Casanova. C'est cette piété si spontanée, si intense, qui nous explique l'énigme de sa vie. Les hommes vont d'une fleur à l'autre, toujours avides de jouissances, toujours déçus, parce qu'ils poursuivent des biens éphémères et trompeurs. Pour lui, il était heureux, il était joyeux, même au sein des plus cruelles angoisses, parce qu'il possédait déjà, par les infaillibles certitudes de la foi, celui qui est le Bien et la Beauté par excellence, la Beauté qui ravit les élus, le Bien qui rassasie tous leurs désirs.

Cet amour nous explique aussi les sublimes

élans de son zèle. Son cœur débordait d'affection et de tendresse à l'égard de tous ceux qui l'approchaient, les religieux de son Ordre, ses parents, ses amis et les grands pécheurs, parce qu'il découvrait, sous les traits de leur visage, l'image restaurée ou l'image défigurée du Dieu-Rédempteur. S'il était dur pour lui-même, sévère pour l'observation de la Règle séraphique et des conseils de l'Évangile, c'est qu'il se considérait, lui et ses frères, comme les adorateurs officiels du Très-Haut, comme les victimes chargées d'expier les crimes de leur temps. Mais, pénitences claustrales ou démarches au dehors, dans tous ses actes il ne se laissait guider que par l'amour, et pouvait s'appliquer à lui-même, en toute vérité, ce mot de sainte Catherine de Gênes, qu'il cite dans une de ses méditations : « J'ai remis les clefs de ma maison à l'amour, sans m'inquiéter de rien ni de personne. Du moment où l'amour a pris possession de tout mon être, je ne me suis plus souciée de mes affaires, pas plus que si elles ne me concernaient pas, trouvant toute ma satisfaction à contenter mon Dieu (1). »

Ajoutons qu'un amour si parfait nous aide à comprendre les desseins de Dieu dans l'abondance des faveurs surnaturelles dont il a orné l'esprit de son fidèle serviteur. Il est le maître de ses dons et ne doit rien à personne ; mais, bonté infinie, il se plaît à consoler ceux qui ont tout

1. *Œuvres complètes*, t. VII, p. 426.

quitté pour lui, et à les secourir dans leurs travaux. Il avait accordé entre autres grâces, à notre Bienheureux, le don de prophétie et celui de pénétrer les secrets des consciences. L'apôtre prédit à une jeune fille de Port-Maurice que, malgré ses désirs, elle ne serait pas religieuse ; à une moniale de San Séverino, jeune encore et florissante de santé, que l'ange de la mort ne tarderait pas à la visiter ; à une femme de Frascati, qu'elle mettrait au monde un fils et que peu après, ce fils s'envolerait au ciel. Autant de prédictions que les événements se chargèrent de vérifier (1). Il possédait, à un degré plus éminent encore, le don de lire dans les cœurs. Citons-en un exemple, le plus frappant de tous, à notre avis.

C'était en 1741. Le serviteur de Dieu prêchait alors à Piperno, dans la Campagne romaine. Un jour, un de ces malheureux dont la vie est empoisonnée par le remords, vint se jeter à ses pieds. Coupable d'un homicide, il n'avait jamais eu le courage de déclarer sa faute au saint tribunal de la pénitence. Il était bien résolu à tout réparer ; mais arrivé au point capital, au meurtre, il s'arrêta, toujours retenu par une fausse honte : « C'est tout, murmura-t-il. — Non, ce n'est pas tout, reprit le missionnaire. Mais, puisque vous célez votre faute, je vais vous la rappeler. Vous avez un jardin ; il y a tant d'années (et il précisa le jour), vous avez surpris un

1. *Vie du Bienheureux*, par le P. Joseph-Marie de Masserano, postulateur de la cause, p. II, c. XVII.

voleur qui s'y était introduit nuitamment pour
dérober vos artichauts, et vous lui avez lancé
une pierre qui le frappa à la tête et l'étendit
raide mort. Puis vous avez creusé une fosse au
pied de votre figuier, et vous y avez enterré le
cadavre. Ce fait n'est point parvenu à la connaissance des hommes ; mais il est écrit là-haut au
livre de la justice divine, et vous n'avez qu'un
moyen de l'effacer : l'aveu et le repentir. » Stu-
péfait et atterré, le coupable vit qu'il avait affaire à un homme de Dieu ; il suivit les conseils
du Bienheureux, et s'en retourna réconcilié avec
Dieu et avec lui-même. Ce fut une des meilleures journées du grand missionnaire ; car il
n'était jamais plus heureux que lorsqu'il avait
pansé les plaies des âmes et qu'il les avait ramenées aux pieds de Celui qui, seul, pardonne
et guérit (1).

Hâtons-nous d'ajouter que ces dons surnaturels et purement gratuits, destinés à rehausser
son rôle providentiel, n'ajoutent rien à ses mérites. Le zèle est sa qualité distinctive ; les conversions en sont le fruit ; la charité divine en est
le principe vital.

Telle est, dans ses grandes lignes, la physionomie morale du grand missionnaire du dix-
huitième siècle : mélange d'énergie et de douceur,
d'austérité et de condescendance, d'humilité et
de pureté, d'intrépidité dans l'action et de patience dans les épreuves. Rien ne détonne, parce

---

1. Voir la déclaration de ce pécheur, P. Raphaël de
Rome, l. II, c. XVIII. — Cf. *Summarium*, p. 886.

que l'amour qui y domine, harmonise tout et embellit tout : un amour tout séraphique ! Et comme l'amour est le couronnement de toutes les vertus et la mesure de la perfection, on peut conclure, de ce que nous connaissons, que la sainteté de notre héros s'éleva à des hauteurs où nos regards doivent renoncer à le suivre, mais d'où il continue à exercer une puissante attraction.

Les étoiles nous attirent par leur doux éclat, les fleurs par leur parfum, les saints par leurs vertus. C'est le Saint qui captivait les populations des villes aussi bien que celles des campagnes et touchait les cœurs les plus endurcis. C'est le Saint que vénéraient les clercs et les fidèles, accourant au-devant de lui pour le saluer sur son passage, lui baisant les mains ou taillant dans sa robe de bure quelque parcelle qu'ils conservaient comme une relique. C'est le Saint qu'estimaient les plus hauts personnages de cette époque : Cosme III, son admirateur; l'ambassadeur de France près de la cour romaine, le duc de Saint-Aignan, qui emportait le portrait de l'humble Franciscain comme un des plus précieux souvenirs de cette Rome, si riche en monuments (1); la reine Marie-Clémentine, sa disciple et son imitatrice; Mgr Crescenzi, nonce à Paris; Mgr Rezzonico (2), qui ne voulait pas accepter le siège épiscopal de Padoue,

. 1. Il fallut un ordre positif des Supérieurs de l'Ordre, pour décider le Bienheureux à laisser faire son portrait.
2. Pape plus tard sous le nom de Clément XIII.

avant de l'avoir consulté sur ce point; le pape
Clément XII, qui voulait être béni par lui. C'est
le Saint qui nous charme encore aujourd'hui et
qui charmera de même les générations de l'avenir, pour peu qu'elles aient le goût du beau et le
sens de l'idéal. Enfin, c'est à l'émule des François d'Assise et des Antoine de Padoue que Benoît XIV écrit avec une paternelle tendresse :
« Que le Père Léonard nous conserve son affection (1) »; et c'est encore au Saint, quoique usé
par l'âge, qu'il va confier, à l'occasion de l'*Année sainte*, une mission importante et d'où il
attend les plus grands résultats, parce qu'il sait
qu'il n'est pas de leçon plus efficace que le spectacle d'une vie mortifiée et d'un dévouement
sans bornes.

1. *Œuvres complètes*, t. I, p. 614.

CHAPITRE XXIII

Avec le milieu du xviiiᵉ siècle allait s'ouvrir une de ces solennités périodiques qui font tressaillir tout l'univers, l'*Année sainte*. Le 5 mai 1749, Benoît XIV promulguait l'Encyclique *Peregrinantes a Domino* portant indiction du Jubilé mi-séculaire. Il parlait avec une autorité sûre d'elle-même, parce qu'elle vient de Dieu, et avec une sollicitude qui s'étend à tous, parce qu'il est le Pasteur des pasteurs, et invitait les fidèles du monde entier à venir prier sur le tombeau des apôtres et à profiter des trésors spirituels si abondamment mis à leur disposition (1).

Le 26 juin 1749, il adressait à tout l'épiscopat catholique une lettre spéciale relative à la manière de prêcher le Jubilé. « Que les missionnaires, écrit-il, élèvent la voix ; qu'ils tonnent contre la corruption du siècle ; et dans leur enseignement, qu'ils insistent sur les grandes vérités, la nécessité de la pénitence, la richesse des miséricordes divines, le bienfait de la confession générale (2). » Ne peut-on pas dire que c'était la consécration de la méthode adoptée et préconisée par saint Léonard ?

1. *Œuvres de Benoît XIV*, t. XVII, p. 128.
2. *Ibid.*, p. 143.

Le Pontife désigna lui-même les prédicateurs
de Rome, et fit appel, à cet effet, aux orateurs
les plus renommés pour leur zèle apostolique.
En tête se trouvaient deux noms connus, saint
Paul de la Croix et notre Bienheureux ; mais ce
dernier avait une mission qui lui était propre,
une mission qui devait servir de prélude aux
travaux des autres, et préparer la moisson de
l'*Année sainte*. Benoît XIV lui assigna le terrain
qu'il aurait à défricher, et dans une audience
privée, où le Saint était accompagné de ses collaborateurs, il daigna leur signaler les principaux sujets à traiter. « Parlez sans crainte,
parlez avec force » : telle fut sa dernière recommandation (1).

Cette prédication anté-jubilaire commença le
13 juillet 1749. La place Navone, Sainte-Marie
du Transtévère et l'église de la Minerve entendirent tour à tour la parole du grand missionnaire. On revit, dès les premiers jours, les
foules et l'enthousiasme de 1730. Les Romains
accouraient, séduits, non plus par l'attrait de
la nouveauté, mais, comme l'avait pensé
Benoît XIV, par le prestige d'une éloquence à
part et d'une sainteté qui s'affirmait chaque
jour davantage. Le peuple couvrait la place
Navone ; les cardinaux et la noblesse romaine
remplissaient les balcons. Le Souverain Pontife
honora plusieurs fois de sa présence les instructions de l'humble Franciscain, et donna en

1. *Summarium*, p. 288.

personne la bénédiction papale, à la clôture de la première mission; et de même aux deux suivantes. Vinrent ensuite, au mois de novembre, les retraites de la Trinité-des-Monts, de Saint-Jean-des-Florentins, de Sainte-Cécile, et la mission de Saint-André della Valle qui se prolongea jusqu'à l'ouverture solennelle de l'Année sainte, c'est-à-dire jusqu'aux fêtes de Noël (1).

La tâche de préparation confiée au Bienheureux est terminée. Il laisse à d'autres le soin de récolter là où il a semé, et se hâte de rentrer dans la solitude de son cloître, pour y « prêcher le Fr. Léonard » et méditer à loisir sur les années éternelles. Nous avons un écho de ses pensées dans la lettre suivante, qu'il adressait le 9 janvier 1750 à dona Hélène Colonna. « Il me tarde de jouir de Dieu ! Il me tarde d'aller au pays de l'amour parfait ! Je suis vieux, et je sais maintenant par expérience que dans ce bas monde on ne parvient jamais à la perfection à laquelle on aspire, et qu'on marche toujours d'un pas boiteux dans les chemins de la charité divine (2). » Même réponse quelques jours plus tard, lorsque le Souverain Pontife l'interroge sur les fruits de sa retraite. « Saint-Père, murmure-t-il, il me tarde de voir Dieu (3)! » Comme tous les saints, il a la nostalgie du ciel ; mais comme tous les saints, il se garde bien de déserter le poste d'honneur où la Providence l'a

1. P. Raphaël de Rome, l. I, c. XVII.
2. Lettre 79°.
3. *Summarium*, p. 294.

placé. Il reste apôtre ; il le restera jusqu'à son dernier soupir.

Cependant il lui survint, au commencement du mois de mars 1750, un accident qui l'immobilisa pendant plusieurs semaines. Étant allé assister un moribond, il se fit, au pied, une blessure qui provoqua une inflammation et un érésipèle. Benoît XIV, informé de sa maladie, daigna le visiter en personne dans sa pauvre cellule de Saint-Bonaventure. Il lui ordonna de porter désormais des sandales, de monter au palais pontifical tous les dimanches, dans l'après-midi (il voulait s'entretenir familièrement avec lui), lui défendit de sortir de Rome sans son autorisation expresse et le bénit, laissant l'humble Franciscain confondu de témoignages d'affection dont l'histoire des papes offre peu d'exemples et qui relèvent singulièrement le mérite de celui qui en était l'objet (1).

L'inactivité prolongée pouvait paraître dure à l'apôtre franciscain. Toute la ville de Rome était en mouvement à l'occasion du Jubilé. Les étrangers y affluaient, parlant toutes les langues, affublés des costumes les plus variés ; et l'on ne voyait que pénitents agenouillés sur le tombeau de saint Pierre, égrenant leur chapelet ou visitant par groupes les basiliques de la Ville éternelle. Les monastères et les confréries de Rome réclamaient le concours de notre Bienheureux ; bon nombre de pèlerins ne voulaient

1. P. Raphaël de Rome, l. I, c. XVII ; — et *Summarium,* p. 295

pas quitter Rome sans avoir vu, entendu, consulté l'orateur de la place Navone, le Saint dont la louange était dans toutes les bouches. Et lui se sentait pressé, de son côté, de répondre aux instances des uns, aux besoins spirituels des autres. Dès qu'il fut guéri, il se remit au ministère actif : il prêcha, il convertit, il consola. Les contemporains nous parlent surtout d'un triduum prêché à la Trinité-des-Monts. C'était le siège d'une confrérie de charité qui hébergeait les étrangers. Ils abondaient en temps de Jubilé, et l'on en compta quarante-cinq mille (1), rien que du mois de novembre 1749 au mois de juillet 1750. Le Bienheureux se fit un honneur, pendant son triduum, au rapport de son fidèle compagnon, de recevoir les pèlerins, de leur laver les pieds et de les servir à table (2).

A ces détails topiques, qui dépeignent si admirablement le Saint et que le Fr. Diégo est seul à nous donner, le premier biographe en ajoute d'autres qui se rapportent plutôt au prédicateur. Ce sont deux conversions mémorables, « deux exemples choisis entre mille ». Un pauvre pécheur, poursuivi de remords, fit deux cents lieues à pied pour se confesser « au saint missionnaire ». Un protestant vint du fond de la Prusse lui demander la solution de ses doutes sur la primauté du pape et l'intercession des saints ; éclairé et convaincu, il

1. Artaud de Montor, *Histoire des Souverains Pontifes,* t. VII, p. 116.
2. *Summarium*, p. 296.

rentra dans le giron de l'Église et passa le reste de ses jours à l'ombre du tombeau des saints apôtres (1).

Notre Bienheureux avait été chargé par Benoît XIV d'instruire le peuple romain, à la veille de l'ouverture de l'Année sainte. C'est lui qui eut également l'honneur de couronner les travaux des autres prédicateurs et de raffermir, parmi les habitants, la foi et la piété des temps antiques. Le triduum eut lieu dans la vaste église de Saint-André della Valle. Le Pontife, entouré d'un brillant cortège de cardinaux, présida en personne, le premier soir, les exercices spirituels et donna la bénédiction du Saint Sacrement. A Noël, *la porte sainte* était murée, et les privilèges dont avait joui la Ville éternelle étaient appliqués au reste de l'univers. Le Jubilé est toujours une grâce, toujours un bienfait : il a pour effet de dominer le fonds d'égoïsme qui est le mal de l'humanité, et de remettre les nations chrétiennes en face de l'idéal divin, en face de l'Évangile. Celui de 1750 fut particulièrement fructueux, et notre Bienheureux a le mérite d'avoir contribué, pour une bonne part, au centre même de l'unité catholique et par des temps difficiles, à cette rénovation si nécessaire de l'esprit chrétien.

L'*Année sainte* eut son épilogue au Colisée. Qui ne connaît ce colossal monument, construit par l'empereur Vespasien à son retour de Judée ?

1. P. Raphaël de Rome, l. I, c. XVII.

Monument dont les ruines gigantesques éveillent la pensée d'une puissante civilisation et qui, vu le soir, aux lueurs rougeâtres du soleil couchant, produit sur l'imagination une impression indéfinissable ! Mais aussi, monument qui fut témoin, pendant trois siècles, des péripéties d'un duel sans égal, le duel entre le paganisme agonisant et le christianisme encore à son berceau ? On ne reverra jamais scènes plus tragiques. Là-haut, d'une part, sur des gradins étincelants de marbres et de bronzes dorés, était assis l'empereur, dieu terrestre, maître du monde, pontife suprême et défenseur du culte des idoles, et tout autour de lui, des milliers de spectateurs, vestales, sénateurs, chevaliers, peuple romain, protégés contre les ardeurs du soleil par un immense vélum de pourpre, tous ivres d'orgueil et de volupté, tous criant avec une rage croissante : « Les chrétiens aux lions ! » Et de l'autre, en bas, au centre de l'arène, des vierges délicates comme Prisca, des légionnaires accompagnés de leurs épouses et de leurs enfants comme le général Eustache, des sénateurs comme Julius, des princes comme Abdon, des pontifes vénérables comme Ignace d'Antioche, tous le visage radieux d'espérance et d'immortalité, se félicitant les uns les autres du bonheur qui leur était accordé de rendre témoignage au Dieu du Calvaire, au Dieu vivant, et de mourir pour lui. Nous savons le reste, comment l'arène du Colisée fut rougie du sang des martyrs, armée innombrable, et comment la victoire du Christ germa sur leur tombe.

L'amphithéâtre des Césars est donc plus qu'un souvenir : c'est un reliquaire. C'est là que tombèrent glorieusement les héros de notre foi ; c'est là qu'ils revendiquèrent, eux les premiers, les inviolables libertés de la conscience humaine. « Prenez, voilà des reliques », disait un jour Pie V, répondant à la requête d'un ambassadeur ; et il versait dans la main de son interlocuteur une poignée de sable du Colisée. Mais ne convenait-il pas que cette arène sanctifiée fût honorée à l'égal d'un sanctuaire ? Ne convenait-il pas qu'elle fût, non plus un témoin muet, mais un témoin parlant, et que la prière publique se fît entendre au milieu de ces ruines, pour célébrer le courage des martyrs et le triomphe de l'Homme-Dieu ? Ériger le chemin de la Croix dans l'intérieur même du Colisée : telle était, au sentiment de notre Bienheureux, la meilleure manière de réaliser tous ces désiderata. Les fêtes du Jubilé lui procurèrent l'occasion d'exposer son projet. Il ne fut pas sans rencontrer de nombreuses difficultés, nous disent les contemporains ; mais, soutenu par Benoît XIV et aidé par l'aristocratie romaine, il finit par conduire cette entreprise à bonne fin.

Le 27 décembre 1750, deux jours après la clôture de l'Année sainte dans la basilique de Saint-Pierre, tout était prêt. Les quatorze stations du chemin de la Croix se dressaient, éloquentes par elles-mêmes, dans l'enceinte du

Colisée, et le Patriarche de Constantinople les bénissait selon les rites accoutumés, pendant que l'apôtre franciscain expliquait aux fidèles le sens des touchantes cérémonies qui s'accomplissaient sous leurs yeux. La croix dominait ces ruines; la prière et les chants pieux les animaient. Le Bienheureux se sentait rajeunir; ses vœux étaient réalisés : le monument des Césars était devenu *un sanctuaire*. C'est lui-même qui se sert de cette expression, dans une lettre qu'il adressait, trois mois après, le 10 avril 1751, à son protecteur et ami le cardinal Crescenzi, l'ancien nonce de Paris, récemment promu à l'archevêché de Ferrare.

« Je vieillis, lui écrit-il. Ma voix est toujours la même; mais les forces diminuent. Hier, j'ai prononcé un discours au Colisée, où l'on a érigé un chemin de Croix fort pieux. L'assistance était nombreuse et pénétrée de componction. Ma voix vibrait comme il y a deux ans sur la place Navone; mais la lassitude a été plus grande. Néanmoins j'ai été consolé, en voyant que cet amphithéâtre, banal rendez-vous des touristes, était devenu un *sanctuaire* et le chemin de croix le plus fréquenté de Rome (1). »

L'œuvre du Colisée ne périt point avec celui qui en avait été le promoteur. Benoît XIV la prit sous sa protection, en assura la vitalité, établit le Père Supérieur du couvent de Saint-Bonaventure directeur à perpétuité de l'exer-

---

1. *Œuvres complètes*, t. I, p. 611.

cice public du chemin de la Croix dans ces lieux ;
et pendant plus d'un siècle, on vit les fidèles de
Rome, et en tête les membres de la congrégation des Amants de Jésus, parcourir au chant
des cantiques, tous les vendredis, les stations
construites par saint Léonard de Port-Maurice.
Hélas ! depuis l'invasion piémontaise, tout est
changé. Les chants sont interrompus, la Croix
a été descellée, et les pierres des stations disper-
sées à tous les vents. Sous prétexte de fouilles,
la pioche des démolisseurs a passé par là. C'est
la revanche du paganisme ! Profanation inutile !
Les Césars ont vécu ; le Christ a pris possession du monde ; il est le triomphateur des siècles,
et nulle puissance ne le dépouillera de l'auréole
de sa divinité.

Mais revenons à notre héros, et assistons aux
luttes qu'il soutient si vaillamment, avec une
ardeur toujours jeune, pour la cause de l'Évangile. Ce sont les dernières, non les moins méritoires. Pendant le Carême de 1751, le Bienheureux séjournait encore à Rome, où nous le
retrouvons prêchant une retraite à la Trinité-
des-Monts. Mais en même temps arrivaient au
palais du Vatican les lettres les plus pressantes ;
l'archevêque et les magistrats de Lucques sup-
pliaient Benoît XIV de leur envoyer « leur
ancien missionnaire », afin qu'il les aidât à
gagner l'indulgence plénière du Jubilé. Le Pape
y consentit, mais à certaines conditions. Origi-
naire de Bologne, il n'oublia point sa patrie et
désigna au Bienheureux le point de l'Apennin

central qu'il aurait à évangéliser. Pasteur universel et chef de tous les Ordres religieux, il lui
prescrivit, en raison de ses infirmités, d'aller
en voiture; et voyant que cette clause surpre-
nait, contristait même le disciple de saint François, l'amant éperdu de la pauvreté séraphique,
il reprit d'un ton qui ne permettait pas de réplique : « Allez et revenez en voiture. Nous vous
attendrons ici au mois de novembre. » L'audience pontificale avait eu lieu le 14 avril 1751.
Dès le lendemain, l'apôtre franciscain partait de
Rome et suivait ponctuellement l'itinéraire qui
lui avait été tracé, en passant par Florence,
Lucques et Camajore, pour atteindre les montagnes de l'Émilie.

A Florence, la patrie de son cœur, la ville de
ses prédilections, il se trouva en face d'un péril
qu'il n'ignorait pas, mais dont il n'avait pas
jusque-là soupçonné toute la gravité : *le péril
maçonnique*. Les loges, trouvant des compli-
cités dans l'administration de la Régence qui
gouvernait au nom de l'empereur d'Autriche,
avaient organisé cette persécution légale,
hypocrite, haineuse, essentiellement antichré-
tienne, avec laquelle les événements contemporains nous ont familiarisés. Le Bienheureux
était-il chargé, sous ce rapport, de quelque
mission officielle ou officieuse? Nous l'ignorons.
En toute hypothèse, voici la missive qu'il
adressait, le 15 mai 1751, au pape Benoît XIV.
« Je n'ai pas peu travaillé dans cette ville. Pour
répondre au zèle de l'archevêque, j'ai employé

tous mes efforts à tranquilliser les religieuses.
J'ai visité une quarantaine de monastères, prêchant jusqu'à cinq fois par jour, remédiant au
trouble des esprits et délivrant les moniales des
appréhensions que leur causent les dispositions
de la Régence. Celle-ci défend de recevoir des
étrangères. Quant aux personnes de la ville, il
faut qu'on les accepte sans dot. Il est manifeste
que le gouvernement est mû par un motif d'intérêt et qu'il vise à la destruction des communautés religieuses. Pauvre Florence! A quel
état de misère elle est réduite (1)! »

Le Pape lui répond, le 22 mai : « Nous nous
réjouissons du bien qui s'est fait à Florence.
Pauvre ville, qui va toujours de mal en pis sous
le rapport spirituel (2)! » Et un peu plus tard :
« Nous espérons avoir ouvert les yeux au roi
de Naples, où les francs-maçons s'étaient multipliés, paraît-il, jusqu'au nombre de neuf mille.
Il faut combattre pour Dieu, parce que Dieu
n'abandonne point ceux qui combattent pour
lui (3). — Nous envoyons ci-joint au Père Léonard un exemplaire de notre bulle contre les
francs-maçons. Nous recevons, à ce sujet, d'ex-
cellentes nouvelles de Naples. Le roi a pris la
résolution d'extirper de ses États la secte infâme
dont il est question (4). » Le Jubilé universel
avait ainsi, entr'autres résultats, celui de déchi-

1. *Œuvres complètes*, t. I, p. 615.
2. *Ibid.*, p. 617.
3. *Ibid.*, 3 juillet 1751, p. 622.
4. *Ibid.*, 17 juillet, p. 623.

rer les ténèbres dont s'enveloppaient les sociétés secrètes et d'enrayer, au moins pour un
temps, leur action aussi antisociale qu'anti-
chrétienne.

Le vénérable missionnaire revit en passant
sa chère solitude de l'Incontro; c'était pour la
dernière fois. A Lucques, où il était aimé et
impatiemment attendu, il obtint, malgré l'aggra-
vation de ses souffrances, un succès qui dépas-
sait presque ses espérances. A Camajore, une
pauvre mère qui depuis neuf ans refusait obsti-
nément de pardonner aux meurtriers de son
fils, vint déposer au pieds du Saint tout ressen-
timent, tout désir de vengeance. A Gallicano,
environ trente mille personnes, dont mille
prêtres, voulurent recevoir de ses mains la
bénédiction papale. Même empressement dans
les trois localités du Bolonais qu'il visita, sauf
une seule, où certains personnages de qui l'on
était en droit d'attendre le bon exemple, tournaient en dérision tout ce que disaient ou faisaient les missionnaires; ce qui lui fut très
pénible. Malgré ce désagrément, les prédications
avaient porté leurs fruits, et Benoît XIV daignait lui écrire, au sujet de ses travaux dans les
montagnes du Bolonais : « Nous n'avons pas
de termes pour exprimer notre reconnaissance
au bon Père Léonard (1). »

Le village de Barbarolo fut la dernière étape
de l'apostolat du Bienheureux. Lui-même pres-

1. Lettres du 18 septembre et du 30 octobre 1751.
(*Œuvres complètes*, t. I, pp. 628 et 630.)

sentait que sa fin était proche. Il l'annonçait à son fidèle compagnon. « Frère Diégo, lui disait-il, voilà ma dernière mission. Je n'ai plus qu'un avis à donner, et il vous concerne ; mais je le renvoie à plus tard (1). » Il écrivait dans le même sens à son ami Mgr Belmonte, camérier secret de Sa Sainteté : « S'il plaît à Dieu que je retourne à Rome, vos désirs seront accomplis. Je n'en sortirai plus ; car la barque est vieille et ne peut plus tenir la mer (2). » Il ne formulait plus qu'un souhait : celui de mourir à Rome, entouré de ses Frères, dans ce couvent de Saint-Bonaventure où il s'était consacré au service de Dieu.

D'ailleurs le mois de novembre était commencé, et le rendez-vous fixé par le Pape retentissait à ses oreilles. Il courut saluer à Ferrare le cardinal Crescenzi, qu'il ne devait plus revoir en ce monde, revint à Bologne et reprit en hâte le chemin de la Ville éternelle.

On admire le coucher du soleil par une resplendissante soirée d'automne. La fin des justes est plus belle encore.

1. P. Raphaël de Rome, l. I, c. XVIII.
2. *Ibid.,* loc. cit.

CHAPITRE XXIV

Dans sa déposition juridique, le Fr. Diégo nous a retracé, jour par jour, presque heure par heure, les derniers moments de celui dont il a été l'inséparable compagnon. Laissons-lui la parole; car rien ne peut valoir le simple récit d'un témoin si autorisé, d'un ami si fidèle et si dévoué (1).

Parti de Bologne le 15 novembre 1751, le vénérable missionnaire arrivait le 20 à Lorette, se rendait en pèlerinage, le lendemain, à la Santa-Casa et y célébrait la messe aux intentions du Souverain Pontife, conformément au désir du gouverneur de la ville. Le 22, en traversant les Apennins alors couverts de neige, il prit froid; il grelottait de fièvre, et le Fr. Diégo fut obligé, au milieu de la nuit, de lui allumer un peu de feu. « Père, lui demanda le Frère après un court intervalle, comment vous trouvez-vous maintenant? — Mal, très mal! » murmura-t-il à voix basse. « C'était la première plainte que j'entendais sortir de sa bouche, depuis les vingt-six ans que je l'accompagnais dans ses missions », remarque à ce propos le fidèle narrateur (2).

1. *Summarium*, pp. 305 et 935. — Cf. Raphaël de Rome, l. I, c. XVIII.

2. *Summarium*, p. 307.

Le 23, ils étaient à Foligno. Le Fr. Diégo pria le malade, en raison même de son état de souffrances, de ne pas monter à l'autel ce jour-là. « Mon Frère, répondit le Saint, une messe vaut mieux que tous les trésors de la terre. » Et rassemblant tout ce qu'il avait de forces et de ferveur, il offrit au Père Éternel la victime qui expie les péchés du monde, et s'immola lui-même avec elle; car il savait que ses jours étaient comptés. Il ne voulut pas séjourner à Spolète, ni à Civita-Castellana; il avait hâte d'arriver à Rome.

Le 26 novembre marque la dernière chevauchée de son long voyage et la dernière journée de son pèlerinage terrestre. Par une grâce spéciale de la Providence, il avait conservé toute sa lucidité d'esprit. Il put encore réciter l'office divin comme d'habitude, quoiqu'avec beaucoup de difficulté, puis demeura comme absorbé dans la contemplation des splendeurs éternelles que lui découvrait la foi. En approchant de Ponté-Mollé, il rompit le silence et dit à son compagnon : « Frère Diégo, vous souvenez-vous que, dans nos dernières missions du Bolonais, je vous ai dit plus d'une fois que j'avais un avis à vous donner? Le moment est venu de vous faire cette communication; car je sais que je vais mourir. — Pas encore, Père! — Si, je reconnais à certains signes que je suis à toute extrémité. Mais écoutez. Lorsque nous serons rendus au couvent de Saint-Bonaventure, vous remettrez au Père Gardien la cassette qui contient mes sermons et lui direz que je me dépouille volontiers de ces manuscrits et que je n'en ai plus besoin. Je le prie cependant de les confier à des religieux appelés au ministère de la parole; autrement il en rendrait à Dieu un compte rigoureux. Vous lui remettrez également les clefs des autres cassettes où se trouvent les objets de mission. Et vous, Frère Diégo, consentez-vous volontiers à vous en dépouiller? — Oui, Père, répondit Diégo. — C'est bien, reprit le malade, j'aime à vous voir ainsi détaché de tout. Aimez Dieu, pensez à votre âme, observez scrupuleusement vos vœux, et tout ira bien. Frère Diégo, réjouissez-vous. Vous avez toujours été bon pour moi; et moi, en retour, je vous le promets, je prierai Dieu constamment pour vous (1). »

Quelle promesse dans la bouche d'un saint, et que de témoignages de surnaturelle affection! Ces paroles devaient être plus tard une grande consolation pour le Fr. Diégo; mais, pour le moment, il ne songeait, nous dit-il lui-même, qu'à la séparation. Il retenait ses larmes, de peur d'attrister le malade; les sanglots l'étouffaient.

Au milieu de ces épanchements et de ces touchantes recommandations, les heures avaient paru moins longues à l'un comme à l'autre. Ils avaient atteint Ponté-Mollé. Il se faisait tard; le soleil baissait à l'horizon. Mais Rome était

1. *Summarium*, p. 935.

17

là, devant eux, tout près, et, après une halte d'un instant, ils continuèrent leur route. Dès qu'ils eurent franchi la porte du Peuple, le visage du Bienheureux s'illumina. « Frère Diégo, dit-il à son compagnon, entonnez le *Te Deum* et je répondrai. » Et c'est au chant du cantique d'action de grâces qu'ils traversèrent les rues de la cité des papes.

Ils arrivèrent au couvent de Saint-Bonaventure un peu avant la tombée de la nuit. Le Bienheureux était à bout de forces ; il fallut le descendre à bras et le transporter à l'infirmerie. En un clin d'œil, tous les religieux de la maison se trouvèrent réunis autour de son pauvre grabat. « Oh ! mes Frères, leur dit-il avec un doux sourire, que je suis content de rendre le dernier soupir ici, parmi mes Frères, dans cette bénie solitude de Saint-Bonaventure ! » Une heure après, on lui apporta le saint Viatique. Il se redressa alors sur sa couche et se confondit en protestations de foi et d'amour. « Oui, je crois fermement que mon Sauveur et mon Dieu est là, réellement et substantiellement présent sous les espèces sacramentelles. J'espère de sa miséricorde infinie le pardon de mes fautes, et je proteste que je veux mourir dans le sein de l'Église catholique, apostolique et romaine. » Les religieux pleuraient d'attendrissement.

Le médecin étant survenu peu de temps après la communion en viatique, le serviteur de Dieu s'abandonna complètement à ses soins, ne posant de restriction qu'au sujet de l'abstinence, parce qu'il voulait demeurer fidèle, jusqu'à la fin, à ses Résolutions de l'Incontro. L'infirmier lui présenta une potion fortifiante; il accepta avec reconnaissance, en ajoutant la réflexion suivante : « Oh! si l'on faisait pour l'âme ce qu'on fait pour le corps! » Là-dessus, il supplia le Fr. Diégo et tous les religieux qui l'entouraient d'aller prendre un peu de repos. Il ne resta près de lui que l'infirmier.

Sa première pensée, dès qu'il s'était senti un peu mieux, avait été d'écrire au Souverain Pontife, en signe d'une parfaite soumission à ses ordres; mais son confesseur s'y était opposé, en l'assurant qu'il valait mieux prévenir d'abord Mgr Belmonte, camérier secret et confident de Sa Sainteté. Vers 10 heures, Mgr Belmonte entrait en effet dans la cellule du mourant, lui exprimant combien le Pape était attristé de le savoir en cet état. « Que la volonté de Dieu s'accomplisse! lui répondit le Saint. Seulement, ayez la bonté de déposer aux pieds du Saint-Père le dernier hommage de ma fidèle obéissance. — Je le ferai, répartit le prélat. Père Léonard, vous êtes entre les mains de Dieu. Bientôt, j'espère, vous serez en possession de sa gloire éternelle; ne manquez pas d'implorer les secours de sa grâce pour le chef de l'Église et aussi pour moi. — Volontiers et pour la gloire de Dieu », répliqua le Saint.

Resté seul avec son infirmier, le vénérable malade ne tourna plus son regard que du côté du ciel. Il bénissait la Providence de l'avoir appelé à la vie religieuse, ou bien encore invoquait la sainte Vierge et lui parlait comme s'il l'avait contemplée des yeux de sa chair. Puis sa voix alla en s'affaiblissant. On se hâta de lui conférer l'Onction des mourants, dont il suivit pieusement toutes les cérémonies; puis il s'éteignit doucement, comme une lampe qui n'a plus d'huile. L'exil était fini; l'âme avait pris son essor vers la patrie, vers « le pays de l'amour parfait ». C'était le vendredi 26 novembre 1751, un peu avant minuit. Il était âgé de soixante-quatorze ans écoulés; il en avait passé cinquante-trois dans la vie religieuse, en avait consacré quarante aux labeurs de l'apostolat et avait prêché plus de trois cents missions, dont dix-huit à Rome, dix à Florence et cinq à Lucques.

Le lendemain matin, la ville de Rome apprenait avec stupéfaction la perte qu'elle venait de faire. Benoît XIV, en étant officiellement informé, ne put retenir ses larmes. « Sa mort est à la fois un deuil et un sujet de consolation pour nous, dit-il; car si nous perdons un ami sur la terre, nous avons l'espérance d'avoir gagné un protecteur au ciel (1). » Étendant sa paternelle sollicitude à la mémoire du défunt, non moins qu'à sa dépouille mortelle, il prescrivit aux religieux de Saint-Bonaventure de recueillir les actes de sa vie et, en attendant, de

1. *Summarium*, p. 939.

l'enterrer à part, en évitant soigneusement les troubles et les profanations : tant il était persuadé que l'âme de l'héroïque apôtre avait passé directement de cette vallée de larmes aux joies de la vision béatifique.

Ses ordres furent ponctuellement exécutés. Le corps, placé dans le sanctuaire et protégé par la balustrade, ne fut exposé que pendant le chant de l'office et de la messe des Morts. Douze soldats étaient chargés de maintenir l'ordre à l'intérieur et au-dehors de la chapelle. On ne put procéder immédiatement aux obsèques, en raison des réclamations du peuple. Les Romains voulaient contempler une dernière fois les traits de l'apôtre qui les avait subjugués; tous voulaient lui rendre un suprême hommage de reconnaissance, baiser ses restes, emporter et garder quelque souvenir. Vœu bien légitime, après tout, et dont il était impossible de ne pas tenir compte! Le corps fut donc transféré à l'infirmerie, transformée en chapelle ardente, et il y demeura exposé jusqu'au dimanche soir. Pendant tout ce temps, ce fut un défilé interminable de personnes de tout rang, nobles et plébéiens, cardinaux et simples fidèles, tous avec des marques non équivoques d'une profonde vénération.

Le visage était à découvert, calme et reposé; l'âme, en partant, y avait laissé l'empreinte des prédestinés. « C'est un saint, un grand saint », répétaient à l'envi les visiteurs. C'était le pressentiment, avant la décision irréformable du

Saint-Siège; le culte populaire, avant les solennités du culte liturgique. « Et l'on s'en aperçut bien, remarque le Fr. Diégo; car chacun voulait emporter une parcelle de la robe de bure du Bienheureux, et il fallut trois ou quatre fois apporter une nouvelle tunique pour satisfaire à la piété des solliciteurs. Quelques-uns même, par une indiscrétion condamnable, coupèrent furtivement une mèche de cheveux ou la peau des mains, pour les emporter comme reliques.

La duchesse Strozzi, la fille spirituelle privilégiée du serviteur de Dieu, et d'autres dames qui l'avaient aidé dans son apostolat, ne furent point oubliées. Le cloître et l'infirmerie leur étaient fermés; pour elles, le dimanche soir, après que la multitude se fut écoulée, on descendit la dépouille sacrée dans l'église conventuelle; et, devant ces membres purifiés par la pénitence, devant ce visage exempt des atteintes de la corruption, elles ne purent que remercier le Très-Haut d'avoir posé sur leur chemin un autre Bernardin de Sienne.

Le lendemain matin, 29 novembre, avant l'aube, le notaire dressait le procès-verbal de constatation juridique, en présence des religieux du couvent, de leur Provincial et de Mgr Giovardi, doyen du tribunal de la Signature des grâces; et le corps, enfermé dans un cercueil muni du sceau du couvent, fut déposé dans un caveau spécial, un peu en avant de l'autel de Saint-François. Sur le marbre de la tombe, on grava, en style lapidaire, l'inscription suivante (1) :

D. O. M.

HIC JACET

P. LEONARDUS A PORTU MAURITIO

MISSION. APOST. ORDIN. MIN. RIFORM.

SACRI RECESSUS S. BONAV. DE URBE

VIXIT ANN. LXXIV. OBIIT XXVI NOVEMB.

MDCCLI.

Quelques jours après, on célébrait un service solennel dans l'église du Panthéon, où la voix de l'apôtre franciscain avait tant de fois retenti. Tous les rangs de la société romaine s'y trouvaient représentés, ainsi que les confréries dont il avait été le fondateur ou le restaurateur; et un prêtre du clergé romain y prononça un éloge funèbre, goûté de tous, auquel le lieu et les souvenirs prêtaient leur éloquence. « J'étais là! » dit le Fr. Diégo; et ce mot du cœur a son poids, parce qu'il nous garantit la certitude des détails qu'il nous a transmis sur les derniers instants, la mort et les funérailles de celui qu'il admirait en le pleurant.

1. P. Raphaël de Rome, l. I, c. XVIII. — Cf. *Summarium*, pp. 961-965.

CHAPITRE XXV

« La mémoire du juste demeurera en bénédiction. » Cette promesse divine s'applique à la
lettre à l'apôtre franciscain dont nous venons de
raconter les œuvres. A peine est-il descendu
dans la tombe, en effet, que de tous les points
de l'Italie s'élève un concert immense où se
mêlent toutes les voix et dont toutes les notes
chantent l'héroïsme de ses vertus. Bien plus,
les évêques qui l'ont appelé dans leurs diocèses, se font un devoir de déposer sur sa
tombe, comme autant de fleurs odorantes, le
témoignage motivé de leur vénération personnelle, non moins que de celle de leurs ouailles.
« C'était un incomparable ouvrier de l'Évangile,
doué d'une grâce spéciale pour convertir les
pécheurs, affirme l'éminentissime Guadagni,
cardinal-vicaire de Rome ; — un religieux d'une
perfection idéale, un homme de bon conseil, un
apôtre infatigable, déclare à son tour l'évêque
de Pistoie. — Quand il se taisait, son habit parlait encore, et sa seule présence était la condam-
nation du vice, ajoute l'archevêque de Florence.
— La puissance de sa voix et la voix de ses vertus faisaient une douce violence aux cœurs (ce
sont les expressions dont se sert l'archevêque

de Ravenne). Sa mort est un deuil pour toute l'Italie, qui avait en lui un missionnaire plein de doctrine, dédaigneux des ressources de la sagesse humaine, absolument désintéressé, et déterminé à tout souffrir pour conquérir ses frères à l'amour du Christ (1). »

Pouvons-nous passer sous silence le témoignage de son illustre ami le cardinal Crescenzi, et celui de l'évêque de Sinigaglia ? « Je m'estime heureux, dit le premier, d'avoir joui de l'intimité du serviteur de Dieu, toujours plein d'attentions délicates pour moi, et ne puis taire l'admiration que provoquait en moi le spectacle de ses vertus. A Ferrare, il a puissamment contribué à rétablir la vie commune à l'abbaye des Bénédictines de Saint-Antoine, abbaye qui est aujourd'hui d'une ferveur exemplaire. Dans plusieurs maisons de la ville, son portrait est appendu à la muraille, à côté de l'image des saints : preuve de la haute idée qu'on a de ses vertus. Mais que dire de la suavité de ses entretiens et du charme de ses lettres, toujours si profitables ? » — « C'était un autre Bernardin de Sienne, pour la douceur et l'affabilité, non moins que pour la dévotion au saint Nom de Jésus », reprend l'évêque de Sinigaglia (2).

Viennent ensuite les évêques de Lucques, de Macérata, d'Ascoli, d'autres encore ; puis l'abbé du Mont-Cassin, les doges de Gênes et de

1. P. Raphaël de Rome, *Témoignages*, pp. 504-532.
2. *Ibid.*

Venise, plusieurs membres du patriciat romain (1): et enfin le peuple, les âmes pieuses que l'apôtre a dirigées, les convertis auxquels il a rendu la paix, les miraculés qui attestent avoir été guéris par lui. Symphonie harmonieuse, universelle, dont les échos parviennent, comme une consolation dans leur deuil, aux oreilles des deux frères qui lui survivent, l'un, le P. Dominique à Florence (2), et l'autre à Port-Maurice.

Mais une voix domine toutes ces voix : celle du Juge suprême, celle de Dieu, qui seul opère des merveilles et seul fait germer le surnaturel sur le sépulcre de ceux qu'il veut assigner à l'Église militante comme des modèles et des protecteurs. Dans l'histoire posthume du célèbre Franciscain, ces signes de béatitude et de gloire, ces prodiges sont innombrables et de tout genre. Les énumérer tous serait d'une monotonie fatigante. Aussi nous bornerons-nous à relater les deux miracles nécessaires à la béatification, en y joignant quelques faveurs, de celles qui démontrent que là-haut le Bienheureux n'oubliait ni Rome ni sa patrie, ni sa famille, ni sa congrégation.

Dans la nuit même de son glorieux trépas, il apparaissait, souriant et rayonnant de beauté, à l'un de ses frères qui se mourait à Port-Maurice. Il le bénissait, et lui laissait un gage

1. P. Raphaël de Rome, *Témoignages*, pp. 504-532; — et *Summarium*, pp. 4-35.
2. Décédé en 1753.

de son apparition, en le délivrant de tout mal (1).

Huit jours après, c'était le tour d'un ouvrier maçon de Gênes, Joseph Orsolini, homme simple et droit, grand admirateur de l'apôtre qu'il avait eu le bonheur d'entendre en 1743. Tombé du haut d'une échelle et gravement blessé à la tête, il était étendu sur son lit de douleur à l'hopital. Au milieu de la nuit, pendant son sommeil, il aperçut un visage qu'il reconnut, et entendit une voix qui lui disait : « Lève-toi, et retourne à ton travail. » A son réveil, en effet, il n'avait plus ni meurtrissures ni douleurs (2).

Un des compagnons du grand missionnaire, le P. Hilaire de Languélia, souffrait d'une grave inflammation à la jambe. « Père Léonard, s'écria-t-il avec un grand esprit de foi, nous avons guerroyé ensemble contre l'enfer. Souvenez-vous de moi! » Il appliqua sur la jambe malade une parcelle de la robe du Saint, et à ce simple contact l'inflammation disparut immédiatement (3).

A Rome, une jeune fille nommée Anna-Victoria Marchetti, phtisique et paralytique depuis huit mois, était vouée à une mort imminente. Le 11 mai 1752, sur le conseil d'un religieux de Saint-Bonaventure, elle eut recours à l'intercession du vénérable P. Léonard et

1. *Summarium*, p. 990.
2. *Œuvres complètes*, t. I, p. 370.
3. *Summarium*, p. 988.

recouvra instantanément une santé florissante, au grand étonnement des médecins (1).

Il en fut de même, le 19 septembre 1789, pour Symphorose Betti, de Léprignano, atteinte de plaies purulentes et incurables aux deux jambes. Étant venue à Rome, elle s'agenouilla sur la tombe du « grand missionnaire », pria avec ferveur, et se releva soudainement et totalement libérée de l'inflammation dont elle souffrait depuis deux ans (2).

Dans l'intervalle, la cause du Bienheureux avait été introduite en cour de Rome, et les deux dernières guérisons que nous venons de raconter avaient été scientifiquement examinées, discutées, définitivement admises, selon les règles si rigoureuses de la procédure canonique. En 1796, toutes les informations juridiques étaient terminées; et le 14 juin de la même année, Pie VI, abrégeant les délais prescrits par Urbain VIII, proclamait l'héroïcité des vertus du vénérable serviteur de Dieu et l'inscrivait au catalogue des Bienheureux (3).

A Pie IX était réservée, comme une consolation au milieu de ses angoisses, la gloire de mettre le dernier sceau, par un jugement irréformable, à la cause du « grand missionnaire »

---

1. *Summarium,* p. 986.

2. *Œuvres complètes,* t. I, p. 389.

3. Bref *Apostolicorum virorum (Œuvres complètes,* t. I, p. 395). — Pie VI dispensa du décret d'Urbain VIII qui exige un laps d'au moins cinquante années entre le décès des serviteurs de Dieu et l'examen officiel, au procès apostolique, de l'héroïcité de leurs vertus.

et de plusieurs autres serviteurs de Dieu. La cérémonie de canonisation eut lieu le 29 juin 1869, dans la basilique Vaticane, avec une solennité inaccoutumée. Une brillante couronne de pontifes, accourus des quatre vents du ciel pour célébrer à Rome même le triomphe séculaire de saint Pierre et de saint Paul, entourait le pasteur de l'Église universelle. La basilique était ornée de festons, de guirlandes, de lustres étincelant de mille feux. Une foule innombrable en remplissait l'enceinte et débordait sur la place. Après le chant du *Veni Creator*, le Docteur infaillible se lève, et de ses lèvres inspirées, il proclame, à la face de l'univers, les noms de ces héros de la pénitence et de la charité, martyrs de Gorcum, Germaine de Pibrac, Paul de la Croix et Léonard de Port-Maurice, et pose sur leur front le diadème des saints. Puis il entonne le *Te Deum*, que continuent quatre-vingt mille poitrines soulevées par l'enthousiasme, pendant que le canon du fort Saint-Ange et les joyeuses volées des cloches annoncent l'heureuse nouvelle à tous les coins de la cité des papes. Splendeurs qui font rêver du ciel! Ovations sans égales, qu'on n'a pas revues, depuis que le Souverain Pontife est « le prisonnier du Vatican »!

Ne quittons pas Rome, sans avoir gravi le Mont-Palatin et visité le couvent de Saint-Bonaventure. « C'est ici le lieu de mon repos », s'était écrié dans un transport extatique le fils de Dominique Casanova; la prédiction s'est réalisée. C'est là, sous le maître-autel, dans cette chapelle où l'avenir lui a été montré, qu'il dort du sommeil des justes. Son corps, qui ne s'est usé qu'au service de Dieu, est, comme celui du bienheureux Crispin de Viterbe, préservé de la corruption du tombeau : phénomène qui déroute la science, mais où, nous chrétiens, nous adorons la bonté du Rémunérateur suprême! A côté du Saint repose, comme l'épée victorieuse à côté du soldat, l'effrayante discipline encore teinte de son sang; à droite et à gauche, le grand crucifix et l'image de la Madone qui l'accompagnaient dans toutes ses missions. Les autres souvenirs qui se rattachent à sa mémoire, les reliques, les manuscrits, sont gardés avec un soin jaloux par les religieux du couvent.

La cellule où il est mort a été transformée en oratoire. Mais là encore, la hache et la pioche révolutionnaires ont accompli leur œuvre néfaste. Du fameux monastère de Saint-Bonaventure, il ne reste plus qu'une aile et la chapelle; et pour soustraire la cellule aux profanations des Vandales modernes, on a été obligé de la transporter, pierre par pierre, dans une propriété privée, où elle attendra des temps meilleurs, des jours de paix et de liberté.

Quand luiront ces jours? C'est le secret de la Providence, que nous ne cherchons point à scruter. Il nous suffit de savoir que la vie religieuse, le sacerdoce, l'Eglise, la Papauté, toutes ces grandeurs qu'on veut détruire, participent aux triomphes non moins qu'aux luttes de leur divin Fondateur; et nous invitons les successeurs de Julien l'Apostat, tous leurs fauteurs, tous ceux qui seraient tentés de porter une main sacrilège sur l'Église, à relire attentivement cette page de Lacordaire, d'une actualité si frappante.

« Quand l'empereur Julien s'attaquait au christianisme par cette guerre de ruse et de violence qui porte son nom, un de ses familiers, le rhéteur Libanius, rencontrant un chrétien, lui demanda par dérision ce que faisait le Galiléen. Le chrétien répondit : *Il fait un cercueil.* Quelque temps après, Libanius prononçait l'oraison funèbre de Julien devant son corps meurtri et sa puissance évanouie. — Ce que faisait alors le Galiléen, il le fait toujours, quels que soient l'arme et l'orgueil qu'on oppose à sa Croix. Il serait trop long d'en déduire tous les fameux exemples; mais nous en avons quelques-uns qui nous touchent de près et par où Jésus-Christ, à l'extrémité des âges, nous a confirmé le néant de ses ennemis. Ainsi, quand Voltaire se frottait de joie les mains, vers la fin de sa vie, en disant à ses fidèles : « Dans vingt ans, Dieu verra beau jeu! », le Galiléen faisait un cercueil; c'était le cercueil de la monarchie française. Ainsi, quand Napoléon Ier tenait le Souverain Pontife dans une captivité qui présageait la chute au moins territoriale du Vicaire de Jésus-Christ, le Galiléen faisait un cercueil; c'était celui de Sainte-Hélène... Et vous tous, enfants de ce siècle, mal instruits par les misères des erreurs passées, et qui cher-

chez hors de Jésus-Christ la voie, la vérité et
la vie, le Galiléen fait un cercueil contre vous,
et c'est le cercueil de toutes vos conceptions
les plus chères. Et toujours en sera-t-il ainsi,
le Galiléen ne faisant jamais que deux choses :
vivre de sa personne, puis, soit avec du sang,
soit avec de l'oubli, soit avec de la honte,
mettre au tombeau tout ce qui n'est pas lui (1)! »

1. Lacordaire, *43ᵉ conférence.*

TABLE DES MATIÈRES

Paris. — J. Mersch, Imp., 4bis, Av. de Châtillon.

www.ingramcontent.com/pod-product-compliance
Ingram Content Group UK Ltd.
Pitfield, Milton Keynes, MK11 3LW, UK
UKHW022327090726
13658UKWH00001B/119